D1391987

Mezelf geworden

Van Nilgün Yerli verschenen eerder bij De Arbeiderspers:

Turkse Troel
De garnalenpelster
Acht jaargetijden

Nilgün Yerli

Mezelf geworden

Columns

Uitgeverij De Arbeiderspers · Amsterdam · Antwerpen

Omslagontwerp: Bram van Baal
Omslagfoto: Chris van Houts

ISBN 90 295 5668 4 / NUR 300
www.boekboek.nl

Inhoud

Wil je een zoethoudertje 7

Een nieuw begin 10

Reizende vraag 13

Herinneringen in een
doosje 16

Definitief afscheid 20

Alles, behalve arm 23

Van sprookje tot verdriet
26

Envelop met inhoud 29

Volle weilanden 32

Tijdloze herinnering 35

Het verlangen naar kreeft
38

Het bal der liefde 41

Een gouden herinnering
44

Simpel leven 47

Apartheid nooit weg-
geweest 50

Een kwestie van beschaving
53

Herinneringen in de
uitverkoop 56

Het thuisgevoel 59

Wat nu, na 6 mei? 62

Kiezen met kiespijn 65

Ditjes en datjes 68

Mijn leven op de A9 71

Af is af, vol is vol 74

Lage landen vol pruimen
77

Pluk het geluk 80

Einde van het jaar 83

Pech als beste vriend 86

Amerika herdenkt 89

Jom Kippoer 92

Herfst in New York 95

Geloof wat je voelt 98

Perzik of peer 101

Missen van zoveel 104

Selectief herinneren 108

Een stad vol mensen 111

Zeker weten 114

Denk ik? 117

Rijk aan fantasie 120

Een boot vol gezelligheid
123

Miss World: een mooi
cadeau 126

Koude in de Europese
Unie 129

Heerlijke kerst 132

'Een voorspelling van je
eigen toekomst is al zo
moeilijk' 135

Een zorgvuldig en
wonderlijk 2003 137

Verwarrende illusie 140

Doekjes omwinden 142

Kiezen of klutsen 144
Begrijp ik het goed? 146
Wakker schudden 148
Voetreflexologie 150
Interpretaties van woorden 152
Petje af en dan? 154
Zien of horen 156
Enkeltje dood 158
Verdwaalde gedachten 160
De armoede van de rijkdom 162
Ongevraagde facturen 164
De dood in de ogen kijken 166
Geen dag zonder nacht 168
Laatste vergeet-mij-nietje 170
Vrijheid is niet te koop 172
Pluk de heilige dag 174
Eenheid-Birlik-Unity 177
Zoete huwelijksreis 179
Wijze wind 181
Leef en droom kleurrijk 183
Het leven, een supermarkt 185

Evenwicht in goed en kwaad 187
Tijden veranderen 189
Het wordt steeds leuker 191
Kruimels van Pim 194
Vragen over zoveel 196
Groter worden dan je bent 198
Zoete integratie 200
David en Davud 202
You are in the Netherlands 204
Heldere oogkleppen 206
Licht uit, gordijnen dicht 209
Regels van de macht 212
In de huid van Osama 214
Patatje oorlog 216
Een kindeke is geboren 219
Haat, haatte, gehaat 221
Heb je de liefde lief? 224
Ze komen terug 227
Ze zijn terug 229
Ze zijn er nog steeds 232
Broodje slecht nieuws 234

Dankwoord 237

Wil je een zoethoudertje?

'Heb je het gehoord?'

'Wat?'

'Nou, weet je het niet of doe je nu alsof?'

'Ik weet niet waar je het over hebt.'

'Het staat in alle kranten en bladen, iedereen heeft het erover en jij weet het niet?'

'Maar wat is het dan?'

'Je hebt het allemaal toch wel gevolgd, hè?'

'Wat?'

'Ik vind het al belachelijk dat je het vraagt. Ik kan het aan iedereen op straat vragen en iedereen weet waar ik het over heb – en jij niet?'

'Waar heb je het dan over?'

'Jaaaa, je weet het wel, je doet gewoon alsof. Alsof jij niet in roddels geïnteresseerd bent. Dat deden mensen vroeger vaak. Ze zeiden dat ze de *Privé* nooit lazen, maar dat deden ze toch, want hoe kwamen ze anders aan een oplage van miljoenen?'

'Ga je nog vertellen waar je het over hebt?'

'Maar heb je de *Privé* niet gelezen, of kranten, of televisie gezien, Peter R. de Vries gevolgd, de held van het land, die ken je toch wel?'

'Ja, die wel.'

'Nou, dan weet je toch waar ik het over heb.'

'Ooohh. Je bedoelt het onderwijs, gezondheidszorg, criminaliteit op straat, in huis, supermarkt, banken, slagerij, de verzekeringen die van alles beloven en die je in de steek laten als je ze nodig hebt, de winkeliers die steeds minder interesse in je hebben, de studiebeurs die steeds minder wordt, de uitkeringen ook, dat het land verarmt, dat het theater er is voor de horeca en de ziel van kunst verloren gaat, de welvaart die de verkeerde richting op vaart?'

'Ja, ja, ja, hè, hè, je hebt hem door? Goed hè, dat alles zo doordacht onderzocht wordt en dat iedereen het erover heeft. Dat de hele politiek zo luchtig bespreekbaar is. Zelfs bij de kapper hadden ze het over de indexen, het IMF. Het is zo leuk; sinds Peter overal achteraan gaat, is alles zo bespreekbaar en interessant.'

'Ik ben zo trots op hem, dat hij vorige week nog de boel over het ziekenfonds heeft belicht.'

'Ooh, dat heb ik niet gevolgd.'

'Je weet het dus echt niet, niet te geloven. Nou, de pil gaat toch uit het ziekenfonds?'

'Ja.'

'Weet je waarom?'

'Ja, door bezuinigingen.'

'Nee, niet dus, dat is nu gebleken, dankzij Peter.'

'Vertel...'

'Nederland vergrijst, dus eigenlijk willen ze dat er weer meer kindjes gemaakt worden, maar dat kunnen ze niet zeggen als iedereen elke dag roept dat Nederland vol is. Want als er ruimte is voor meer kindjes, dan is er ook ruimte voor meer asielzoekers. En dat wil niemand, dus de pil uit het ziekenfonds was een goede stap.'

'Goed hè van Peter, hij zoekt het allemaal uit.'

'Ik ben zo trots op ons land, alles wordt uitgezocht en iedereen doet mee.'

'Zo leuk, nu zelfs *Privé* en *Story* ons ook alles op een simpele manier uitleggen, zijn we zo betrokken. Mijn vrouw, die niets van politiek begreep, is elke dag met haar club bezig om het belastingstelsel te bestuderen. Wie weet wat daarachter te ontdekken valt.'

'Wil je een Mabel?'

'Jaa lekker...!'

'Waarom heet dit Mabel, eigenlijk?'

'Nou, dat is in Turkije een bekend bonbonmerk, net als het Belgische Leonidas. Helaas is Turkije niet zo goed in marketing om zijn producten bekend te maken in het buitenland.'

'Misschien moet je dit aan Peter vertellen?'

Een nieuw begin

Zo, kerst is voorbij. Ik ben zo blij dat alle mensen in Nederland weer hun maagjes hebben gevuld. Als ik in de supermarkt om me heen keek, dan leek het net alsof ze voor het eerst in het jaar aten.

Velen zijn blij dat de hectische, gezellige dagen voorbij zijn, het is ook niet niks: de sint en de kerstman en het afscheid van het oude jaar en het verwelkomen van het nieuwe jaar. Zeker voor een land dat het motto voert: doe maar gewoon, dan doe je gek genoeg.

Het is ook allemaal verre van normaal. Ik verbaas me elk jaar in deze tijd weer over de gekste dingen. Dat men een verlanglijstje maakt en toch altijd verbaasd de pakjes opent. Of dat men als een gek hamstert, altijd haast heeft en ook nog eens geïrriteerd is. Dat iedereen alles doet voor een gezellige harmonieuze tijd, maar dat niemand dat uitstraalt, sterker nog, men straalt meer ergernis en vermoeidheid uit. Sommige mensen verwarren Kerstmis met kermis en dat irriteert weer vele buren. Ik ken zelfs mensen die gelukkiger zijn met het feit dat het feest over is dan dat het daar is.

Gelukkig dus voor velen, het is allemaal weer voorbij en het zal twaalf maanden duren voordat het terugkomt; we kunnen een jaar lang bijtanken.

Ikzelf ben dit jaar weggegaan om alle hectiek te vermijden. Ik ben in Istanboel. Een paar keer per jaar kom ik met mijn internationale vrienden bij elkaar en dit jaar was dat met kerst. We zouden met zijn allen naar Athene gaan, omdat Kerstmis daar een echtere betekenis heeft dan in Istanboel. Maar door weersomstandigheden en vermoeidheid van velen van ons zijn we toch in Istanboel gebleven.

Mijn Amerikaanse vriendin Suzan wenste mijn Turkse vriendin Eda een vredig 2002. Het antwoord van mijn Turkse vriendin was een soort grap met een foute lading. Ze zei: 'Als jullie je koest weten te houden en stoppen met oorlogje spelen, dan zullen we een vredig jaar hebben.' Waarop Suzan zei: 'Als jullie nou eens wat doen aan jullie mensenrechten, dan is de kans op vrede in Turkije nog veel meer aanwezig.'

Haar antwoord sloot niet aan op wat Eda zei, het was duidelijk dat ze niet wist wat ze moest zeggen. Toen sprong mijn Engelse vriendin Mea op en zei op hoge toon: 'Mensenrechten? Dat jij als Amerikaan dat durft te zeggen! Alleen om één man te vinden, schiet Bush duizenden mensen neer. Wat is hun fout? Verdienen ze te sterven omdat toevallig de vijand in dat land schuilt, al die onschuldige mensen?'

Ik wist niet wat ik hoorde, ik zat erbij en keek ernaar. Dit waren mijn vriendinnen maar ze waren ook vriendinnen van elkaar, al twaalf jaar lang, en het gesprek dat ze voerden zat vol waarheden en onwaarheden. Dat ze elkaar aanvielen om wat een land deed. Ik begreep niet dat Suzan zo tekeerging, ik begreep ook niet dat mijn Turkse en Engelse vriendinnen zo boos reageerden, maar ik begreep wel dat oorlog eigenlijk al thuis kan beginnen.

Wanneer ik mijn vriendinnen analyseer, is het heel apart te zien hoe ze leven en denken. De een heeft twee dienstmeisjes en drie *nanny's* in dienst, terwijl de ander dat als een soort slavernij ziet. De ene rijdt in een Bentley, de ander verkiest de bus. En bij zo'n gesprek merk je ook gauw wie welke levensstijl prefereert, gek genoeg.

Een nieuw jaar verandert niet veel aan iemands levensstijl of opvattingen, maar hopelijk zijn er wel ontwikkelingen. Al hoeft niet iedere ontwikkeling positief te zijn.

Ik moet eerlijk bekennen, hoewel ik niets om geld geef, deed het me pijn toen men in Turkije geen guldens meer aannam, maar om dollars vroeg. De gulden was voorbij en de euro zagen ze niet zitten, wellicht omdat die nog zo nieuw is. Maar hier denkt men dat de concurrentie tussen de euro en de dollar groot zal zijn en dat de dollar die strijd zal winnen.

Ik vind het vervelend dat er nu alweer een strijd komt. Het lijkt wel een wedstrijd: wie is beter dan wie. Misschien heeft de mensheid dat nodig, dat er altijd één de beste is, maar het blijft voor mij toch een heilloos spoor.

Een jaar dat voorbij is, ruimen we netjes op in dozen, mappen en fotoalbums. Ooit in de nieuwe jaren kijken we er weer naar, soms met verdriet en soms met genot. Vele herinneringen aan wat heel mooi was en nooit meer zal terugkeren raken toch een soort melancholiesnaar; het verleden is iets wat ons altijd zal achtervolgen.

Altijd op de laatste dag van het jaar heb ik dit gevoel, het is een afscheid dat een soort verdriet bezorgt, maar het is tevens een ontmoeting, wat weer een geluksgevoel geeft, omdat je nooit weet wat het nieuwe jaar zal brengen. Het is spannend en onverwacht, hoezeer het verleden in het heden ook zal leven, het heden zal nooit morgen kunnen voltooien. Het blijft afwachten.

Afwachten van gevoelens kan mooi en spannend zijn, maar afwachten van systemen, regeringen, regels en vooral wettelijke veranderingen, blijft zorgelijk stemmen en tegelijk hoopvol. Maar misschien valt het allemaal best mee in het nieuwe jaar 2002! Ik wens iedereen een bijzonder nieuw jaar.

Reizende vraag

Na tweeëntwintig jaar genieten van twee landen, twee culturen en twee talen dacht ik dat ik inmiddels helemaal had begrepen hoe het in beide landen werkte. Maar ditmaal merkte ik dat ik me daarin vergiste. Turkije, het land waarin ik geboren ben, het land dat altijd een speciaal plekje in mijn hart zal behouden, is mijn begrip aan het voorbijgaan.

Elk jaar kom ik er minstens tien keer – korte momenten waren dat meestal. Vaak een paar dagen. Maar ditmaal ben ik er twaalf dagen geweest. Een heel lange tijd, lang genoeg om in te zien hoe het leven er is veranderd. Op weg naar ontwikkeling, op weg om erbij te horen, zijn velen zichzelf kwijtgeraakt. Mijn oma had altijd gezegd: je moet nooit je eigen ik vergeten op weg naar de eenheid. En dat is wat aan het gebeuren is: men wil zó graag bij Europa horen dat men waarden en normen laat varen.

De echte Turkse gebruiken waar ik al die jaren naar verlang – een pannetje met soep brengen naar de buren, er altijd voor elkaar zijn met warmte, geduld, aandacht, de liefde van mensen voor elkaar – is nu hooguit nog te vinden in kleine dorpen. In de steden, zelfs in de kleine steden, is het niet meer echt te vinden.

Mijn buurvrouw vertelde mij eens dat het in Nederland vroeger ook zo was, maar dat het allemaal veranderd is.

Waarom dingen veranderen, begrijp ik toch niet helemaal. Die illusie heb ik dan ook laten varen. Maar ik verdwaal nog dagelijks in mijn vraag: waarom? Het antwoord daarom is voor mij zelfs nog meer een raadsel. De economische veranderingen begin ik te accepteren, domweg omdat ik geen keuze heb; begrijpen doe ik ze nog steeds niet.

Maar accepteren is al voor vijftig procent een vorm van begrijpen...

Zo'n verandering van munt moet je gewoon accepteren, meer kun je niet. Maar het onbegrip dat eruit voortvloeit, is gewoon vermoeiend.

Een vriendin van mij was met oud en nieuw in Spanje. Ze had daar geld gepind. Euro's, met de Spaanse koning erop. Ja, de euro is één munt van twaalf landen, maar de hoofden op de euro blijven staatseigendom. Ze kwam terug in Nederland, ging in de Hema dingen kopen en betaalde met euro's. Het meisje achter de kassa was verontwaardigd en accepteerde die euro's niet, want Beatrix stond er niet op. 'Nee,' zei mijn vriendin, 'daarom hebben we de euro genomen, weet u wel. Het maakt niet uit welk hoofd erop staat: het blijft een euro.' Dat meisje vertrouwde het niet en riep haar chef. Een gesprek met de chef en achtentwintig minuten later kon ze toch betalen met euro's met het hoofd van de Spaanse koning erop.

Nee, economische veranderingen zijn niet echt te begrijpen, maar je volgt de weg van de wind. Net zoals het riet, dat meebuigt met de wind. Als het niet zou meebuigen met de wind dan zou het knappen. Een zin van Boeddha. Bedoeld voor de emotionele omgang, maar wellicht vloeien emotionele veranderingen ook voort uit de economische; wellicht hebben ze een enorme verbintenis met elkaar. Als ik kijk naar de westerse maatschappij – hoe druk, druk, druk men het heeft, alles moet snel, alles moet groot, alles moet mooi, alles moet veel – dan begrijp ik, ja, ik begrijp wel wat... dat men op zoek is naar zichzelf. Wanneer mensen dan in Tibet op zoek gaan naar hun geest, hun ultieme ik, de kracht van zen, yin en yang en de Dalai Lama met al zijn wijsheden, met hun vakanties in Afrika en de ontdekking van de stammen aldaar om je te doen beseffen hoe goed je het eigenlijk hebt, dan komt er weer een vraag bij mij naar boven: waarom past men al het moois dat men ziet, leest, proeft en hoort niet toe in het dagelijkse leven? Waarom blijft het alleen daar in Tibet of Afrika zijn schoonheid behouden?

Een kennis van mij gaf als antwoord: 'Nee, het blijft niet daar, het is ook hier. Ik ga elke week naar yoga, club zen en naar shiatsumassage en – heel belangrijk – ik steek altijd kaarsen en wierook aan in mijn huis, dat geeft geestelijke rust.'

En daar kwam mijn onbegrip weer: maar wat doe je dan met die mooie zinnen van Boeddha, die wijsheden van de stammen in Afrika? Ze raken je ziel, misschien zelfs je hart, maar wat doet het met je dagelijkse leven? Hoe pas je die schoonheid toe?

Een Italiaanse vriend, die pizzabakker is, had me een keer gezegd: 'Mensen eten met hun buik en niet met hun geest.' Wellicht had hij gelijk.

De hele wereld ontwikkelt zich in zoveel, maar of de beschaving erop vooruitgaat, blijft mijn reizende vraag.

Herinneringen in een doosje

Ik kreeg een brief van een lezer met een verhaal van Toon Tellegen, de man die altijd de juiste toon heeft over hoe belangrijk de kleinste dingen in het leven zijn. Dit verhaaltje ging over herinneringen. Ik begon na te denken over wat ik eigenlijk deed met herinneringen. Sommige deden mij pijn; die waren zo mooi dat ik die zou willen herhalen, vooral omdat dat niet meer zou kunnen doordat de personen die erbij betrokken waren, er niet meer zijn. Herinneringen die ik wél over zou kunnen doen, waren illusionair, want zouden die nog dezelfde geur, dezelfde smaak en hetzelfde gevoel geven als destijds?

In het verhaaltje van Toon Tellegen bewaarde de mier al zijn mooie herinneringen in een doosje. Zelfs de smaak van honing. Ik heb gemerkt dat smaak sterk beïnvloed wordt door je gevoel. Er zijn momenten dat ik intens geniet van een toetje, mijn lievelingsgerecht, maar ik merk de laatste tijd dat toetjes mij niet meer zo smaken en ik weet dat dat niet komt door de toetjes zelf, maar door mijn gemoedstoestand. Na twee jaar en een maand kan ik de verbouwing in mijn huis – wat mijn hele leven zowat heeft verbouwd – niet meer aan. En als een situatie in je leven verstoord wordt, merk ik dat andere situaties daardoor ook worden aangetast. Ik probeer me de hele tijd sterk te maken door te denken aan de mooie herinnering die er nog aan moet komen; de gedachte aan hoe ik zal genieten als het huis af is, heeft me elke dag hoop gegeven.

Maar op den duur kunnen fantasieën en dromen maar niet werkelijkheid worden en zelfs veranderen in frustraties. En dat was nog mijn grootste angst: ik mocht van mezelf niet gefrustreerd raken door alles wat er in en aan mijn huis – dat maar niet mijn huis wilde worden – mankeerde.

Een vriendin van mij is vierendertig en woont nog bij haar ouders; ze verlangt haar leven lang naar een eigen huis.

In Turkije was het vroeger (ik zeg maar vroeger, aangezien alles daar met grote snelheid verandert en met vroeger bedoel ik dus eigenlijk nog maar een jaar of vier geleden) traditie dat je pas het huis uit ging als je ging trouwen. En letterlijk betekent trouwen in het Turks: 'het hebben van een eigen huis' (*evlenmek, ev* betekent huis). Naast het feit dat je een levenspartner had gevonden – niet wetende voor hoe lang, maar dat is een ander verhaal – had je ook eindelijk een eigen huis. Toen mijn tante hier was, viel het haar op hoe jong de kinderen het huis uit gingen, en ik moest lachen, want toen zij het huis uit ging, was ze zestien.

Maar dat zag ze toch anders, want het huis uit gaan omdat je getrouwd was, gaf een nieuwe functie aan het leven: je man beschermt je en je leert verantwoordelijkheden nemen. Misschien is alléén het huis uit gaan wel nog veel effectiever: omdat die beschermheer er niet is, moet je jezelf ook nog eens beschermen. De kleinkinderen van mijn tante gaan nu ook op hun achttiende het huis uit omdat ze aan de universiteit studeren in grote steden, sommige zelfs in de Verenigde Staten. Dus ook mijn tante verandert door de werkelijkheid. Maar deze vriendin, Anabelle, is Nederlandse en zij is niet aan traditie of wat dan ook gebonden. Ze woont op haar vierendertigste nog steeds bij haar ouders en je merkt dat niemand dat echt normaal vindt. Zelfs de mannen die ze zo nu en dan ontmoet, schrikken wanneer ze het horen. Ze vertelt zelden aan iemand waarom ze nog bij haar ouders woont.

Ouders zijn de enige twee mensen op aarde die onvoorwaardelijk van je houden; je hoeft er niets voor te doen, je hoeft je liefde niet te bewijzen, want ze geloven in je liefde voor hen; je hoeft er niet achteraan te rennen om ze in je leven te houden, want ze zullen tot hun laatste adem je ouders zijn. Je zult ze kwetsen of teleurstellen, maar de familieband zal er altijd zijn.

Anabelle haar moeder had leukemie en op een dag heeft ze aan het ziekbed van haar moeder gezworen haar tot haar laatste adem te verzorgen. Ze is enig kind en het is mooi om te zien dat ze die opoffering deed. Zelf zag ze het helemaal niet als een opoffering. 'Ach, we leven in een te gemakkelijke maatschappij. Als je ouders ziek of oud zijn, dan stop je ze in een verzorgingstehuis of een bejaardenhuis. Dan mogen ze daar leven met hun herinneringen aan vroeger. Mijn moeder heeft jarenlang voor mij gezorgd en nu is het mijn beurt,' zegt ze dan.

'Maar wat als je een vriend krijgt?' vroeg ik haar.

'Een man die mijn gedachten als normaal zal ervaren en mij het hof zal maken, moet nog geboren worden,' zei ze hopeloos.

Misschien moest ik maar gewoon respect tonen voor haar keuze, want hoe dan ook: het bleef mooi wat ze deed. En ze had gelijk; waarom zou je je dierbaarsten in een ander huis zetten met slechts herinneringen aan het verleden, terwijl ze in het heden ook een plekje kunnen hebben. Ik had er alles voor overgehad om mijn moeder te verzorgen, als ze maar leefde, maar misschien is dat wel heel gemakkelijk gezegd. Geen duizend doosjes zouden voldoende zijn om haar liefde voor mij in te stoppen...

Rond kerst 1999 kochten we dit huis, het is nu 2002.

Definitief afscheid

Het leven heeft een heel ander ritme dan de dood en daarom zal alles altijd doorgaan voor degenen die achterblijven. Misschien is de dood ook iets heel moois voor degenen die vertrekken. In China vieren ze feest bij een overlijden omdat ze geloven dat de overledene verlost is. Dat is tegenstrijdig met je gevoel, want hoezeer je ook gelooft dat de dood een verlossing is, het blijft het definitieve afscheid.

Ik vind het mysterie van de dood een schoonheid op zich. Maar de pijn van iets wat nooit meer terug zal komen, dat herinneringen – goed of slecht – nooit meer besproken kunnen worden, blijft. Of je nu christen bent of moslim, atheïst of boeddhist, jood of hindoestaan, slecht of goed, wit of zwart, racist of multiculturalist: iedereen zal op een dag sterven en dat maakt ons uiteindelijk gelijk. Dat is het mooie.

Afgelopen donderdag overleed mijn vader. Mijn vader had ik de afgelopen vier jaar niet gezien. Het verlangen om ooit tot een goed gesprek te komen over het verleden, is voorbij. De laatste keer dat ik hem zag, was in het ziekenhuis in Turkije, in 1998. Hij had toen een hartinfarct gehad en zijn situatie was ernstig.

Ik vertrok meteen naar Turkije. Mijn contacten met mijn vader waren nooit echt goed geweest. Na het overlijden van mijn moeder, op mijn vijftiende, was hij hertrouwd en bouwde hij aan een nieuw begin. Hij nam afscheid van zijn verleden, ook van zijn kinderen. We hadden het geaccepteerd, alleen toen hij in het ziekenhuis lag met iets ernstigs, waren we erbij.

Het afscheid van mijn vader was voor mij sereen en vredig. Ik wist niet wanneer ik hem weer zou zien, want ziekte is onvoorspelbaar.

Voor het eerst heb ik toen met mijn vader gelachen. Hij had het warm gekregen en stak zijn voeten buiten de lakens. Ik keek ernaar en bewonderde ze. Ik had nog nooit zulke mooie voeten gezien. Er zat geen eelt op, zijn nagels waren recht, wit en schoon, zijn tenen waren recht. Ik zei: 'Papa, wat heb jij mooie voeten.' Hij keek er zelf naar en vroeg: 'Vind je?' 'Ja, ze zijn prachtig. Ik vind voeten normaal het lelijkste deel van het lichaam, maar wat ik bij jou zie, zó mooi. Je zou vrouwen moeten versieren (mijn vader was een enorme charmeur) met je voeten. Echt, daar vallen ze op.'

'Vallen vrouwen op voeten?' vroeg hij lachend. 'Normaliter niet, maar ik weet zeker dat ze op jouw voeten zullen vallen.' Lachend keek hij naar mijn zus en zei: 'Mijn kleinste dochter heeft oog voor kleine dingen, ze vindt mijn voeten mooi, ha.'

Dat waren onze laatste woorden samen.

Toen ik vorige week donderdag om elf uur 's ochtends werd gebeld dat hij overleden was, nam ik het eerste vliegtuig naar Antalya. Samen met mijn broer vertrok ik. Daar zaten we dan in het vliegtuig, op weg naar onze vader, van wie alleen zijn lichaam er nog was; zijn geest was al vertrokken. 'Misschien vliegt hij nu tussen ons in,' zei mijn broer.

We gingen naar het ziekenhuis. Ik was nog nooit in een mortuarium geweest. In een koele kamer stond een tafel in het midden, met mijn vader daarop; althans, ik vermoedde dat het mijn vader was, want hij had een laken over zich heen. En toen zag ik het: het was mijn vader. Ik zag zijn voeten, ze lagen buiten het laken. Die mooie voeten. Later zagen we zijn gezicht, zijn ogen stonden open. Het is traditie dat de ogen niet dicht worden gedaan voordat zijn kinderen hem hebben gezien. Ik was blij dat ze nog open waren, want in zijn ogen kon je genot zien, een soort blijd-schap. Het was net alsof hij was geschrokken toen hij de dood zag, maar toen hij zag waar hij heen ging, was er vreugde. Dit vullen wij als nabestaanden in, zonder te we-ten in hoeverre het waar is.

Toen we bij hem thuis aankwamen, zag ik zijn schoenen staan – op straat. Ik vroeg mijn tante waarom die schoenen daar stonden. Het bleek om een traditie te gaan die ik niet kende – bij mijn moeders dood was ik zo klein dat ik dat niet had meegekregen: de laatst gedragen schoenen van de overledene hoorde je op straat te zetten, zodat een zwerver die kan meenemen en kan dragen.

Zijn stappen worden voortgezet in zijn laatst gedragen schoenen door een levende persoon die de warmte van de schoenen nog nodig heeft. En de ziel kan voortvliegen. Ik vind die tradities mooi; ze vullen het leven en de dood aan.

Doordat het leven een ander ritme heeft, gaat alles ook door. Gisteren kwam ik weer thuis, in Nederland. Ik ben de hele dag gebeld; de één zei: gecondoleerd, de ander: gefeli-citeerd. Nu vond ik het woord 'gecondoleerd' al zo leeg klinken, maar ik begrijp dat je iets wilt zeggen om je mede-leven te tonen. Maar het woord 'gecondoleerd' in combi-natie met het woord 'gefeliciteerd' was ironisch. De ironie van het leven had toch een aparte schoonheid. Ik had de E. du Perronprijs gekregen voor mijn boek *De garnalenpelster*. In mijn boek heb ik helemaal niet leuk over mijn vader geschreven. Dat kon ook niet anders, omdat het de waar-heid was. Maar dat de prijs voor het boek en de dood van mijn vader samenvielen, gaf een tegenstrijdig gevoel.

Afscheid is nooit leuk, definitief afscheid helemaal niet. Maar afscheid van je vader met wie je geen contact meer had, is onverdraaglijk, iets wat niet valt te verklaren.

Ik ben boos op mezelf. Ik heb mijn vader de afgelopen vier jaar niet één keer gemist, en vanmorgen, toen ik wakker werd, miste ik hem. Dit gevoel zal wel menselijk zijn, maar ik vind het dom dat die ultieme gevoelens pas bij het definitieve verlies komen.

Kunnen de geesten ons zien? Het is een vraag die mij, sinds het overlijden van mijn vader, bezighoudt. Draai ik nu door, vraag ik me dan af. Ik ben overladen met emoties, maar mijn verstand mag me nooit in de steek laten.

Dit is natuurlijk niet het eerste verlies dat ik meemaak; de twee mensen die ervoor hebben gezorgd dat ik op deze aarde kwam, zijn vertrokken. Nu zullen hun genen zich in mij voortzetten, zo zullen ze toch altijd een beetje in leven blijven. Het is een natuurwet: de één komt, de ander gaat.

Ik heb geen idee of ik ooit kinderen zal krijgen en of de genen van mijn ouders voort zullen leven in mijn nageslacht.

Ik weet ook niet of dat nu wel zo belangrijk is, dat genen worden doorgegeven. Volgens sommige religies is het belangrijk om zo veel mogelijk kinderen te maken, zodat het geloof blijft voortleven, zonder dat men nadenkt of het kind ook dat geloof zal aanvaarden. Wel blijkt uit de praktijk dat kinderen van radicalen bijna altijd het geloof van de ouders overnemen. Er zijn zelfs mannen die veel kinderen willen maken om zogenaamd voort te leven.

Maar goed, zoveel mensen, zoveel gedachten, zoveel daden... en zoveel tradities die elke cultuur met zich meebrengt.

In Turkije horen bij vreugde en verdriet veel rituelen. Rituelen hebben iets mystieks; ze zijn mooi en niet altijd verklaarbaar, maar ze geven een bijzondere dimensie aan gebeurtenissen. Zo hoor je in Turkije naar het huis van iemand die is overleden, de eerste veertig dagen eten te brengen, dan kunnen de nabestaanden rouwen en hoeven zij niet te denken aan boodschappen doen en koken. In Nederland is dat haast niet te doen omdat iedereen het druk heeft.

Een paar jaar geleden stierf de vader van een goede vriend van mij. Ik heb toen één dag eten gebracht en de overige negenendertig overgeslagen, puur door tijdgebrek. Toen ik dat vertelde, vond hij die ene dag al een heel bijzonder gebaar en zei hij dat veertig dagen echt te veel van het goede zouden zijn.

Nu kwam híj met eten en met de mededeling dat ik de overige negenendertig zal moeten missen. 'Je weet wel waarom,' zei hij. Zo gaat het met tradities en rituelen: ze kunnen in stand worden gehouden, maar ze kunnen niet overal en altijd hetzelfde worden beleefd. Maar het gevoel is er niet minder om: die ene dag dat iemand aan je denkt, is net zo mooi.

Een ander ritueel is dat je zeven dagen nadat iemand is overleden, *helva* maakt en dat brengt naar alle arme mensen die je kent. Dat zijn in Turkije meestal bouwvakkers en vuilnismannen. Helva is een zoet gerecht, dat je maakt van bloem en echte boter, suiker en melk. De bloem bak je in de boter, je giet er warme melk met suiker over en de geur die daaruit vrijkomt, zal de geesten prikkelen tot het openen van de poort om de nieuwe geest te verwelkomen. Omdat de arme mensen hierdoor ook aandacht krijgen, zal de geest in het reine voortleven.

Nu ik het woord 'helva' in een Nederlands verhaal gebruik, moet ik er bijna om lachen, omdat het woord 'hel' heel wat anders betekent in het Nederlands dan in het Turks. Nee, het heeft niets met de hel te maken; het is wel een hels gerecht om te maken, want de emulsie moet maar net lukken. Uiteindelijk is het allemaal bedoeld voor de poort van de hemel, mocht die bestaan...

Afgelopen donderdag was het alweer zeven dagen geleden dat mijn vader vertrokken is, en omdat ik tradities vaak mooi vind, wil ik ze bijna altijd in stand houden.

Daarom maakte ik helva. Het lukte, maar om iemand te vinden die arm is, was moeilijker. De bouwvakkers in mijn huis zijn volgens mij rijker dan de meeste mensen die ik ken. De vuilnismannen zijn ook niet arm, en volgens de traditie behoort de helva naar een straatarm mens te gaan. Ik ben maar de straat op gegaan om een zwerver te zoeken. Toen ik de man een bord met helva voorschotelde, vroeg hij in alle ernst wat dat was. Ik legde hem uit dat dat helva was van mijn overleden vader. Die zwerver moet gedacht hebben dat ik verder heen was dan hijzelf. 'Met bier had je me blijer gemaakt, meissie,' zei hij, en liep gewoon door.

Ik zag een andere zwerver en bood het hem aan. Hij keek naar het bord en zei: 'Gatverdamme. Wat is dat?' Ditmaal vertelde ik hem het hele verhaal. Hij pakte er eentje, en spuugde hem uit. 'Nou, je ziet het, ik heb het geprobeerd, maar het is niet te vreten, dat bloemvoer van jullie. Succes ermee.' En hij liep door.

Goddank leven we in een land waar armen moeilijk te vinden zijn, maar als je er dan één vindt, dan is hij ook nog eens kieskeurig. Dat zegt natuurlijk ook iets over de beschaving.

Smaak is een vorm van gewenning. Ik ken geen enkele Turk in Turkije die geen helva lust. Iedereen daar lust helva; het is zoiets als een koekje.

Uiteindelijk gaf ik het aan de eendjes. De meeuwen kwamen ook aanvliegen, maar die lieten het liggen.

Ik hoop maar dat de geesten ons niet zien, want ik denk dat mijn vader niet blij zal zijn met wat er met zijn helva allemaal is gebeurd.

Van sprookje tot verdriet

Waarom blijft het verdriet van een definitief afscheid je altijd bij? En wanneer weet je zeker dat je iets wat pijn doet, hebt verwerkt? En komt er een moment dat je het helemaal hebt verwerkt en dat het niet meer pijn doet?

Geen idee.

Juist van veel dingen die ik graag zou willen weten, heb ik geen idee. En misschien is de schoonheid van het definitieve afscheid wel de pijn die altijd zal bestaan en waarvan de snaar altijd geraakt zal worden.

In Turkije duurt de rouw om een overledene veertig dagen; vandaar ook dat men veertig dagen lang eten brengt. Men gelooft dat de geest de aarde na veertig dagen volledig heeft verlaten en dat het leven weer gewoon door kan gaan.

Nu heb ik niets met veertig dagen en rouwen. Ik vind dat rouwen of het verwerken van een verlies niet gebonden is aan een aantal dagen, zoiets draag je met je mee. Natuurlijk zakt de pijn, maar echt voorbij zal zij nooit gaan, denk ik. En hiermee heb ik mijn eigen vraag toch een beetje beantwoord.

Er zijn momenten dat je er even niet aan denkt, of de pijn even niet voelt. Werken is een goede afleiding, maar heel mooie gebeurtenissen kunnen ook zorgen voor het verzachten van het afscheid, merk ik.

De bruiloft waarvan iedereen nog vol zit, heeft mijn gevoelens over het afscheid een beetje doen vervagen. Een sprookje was het. En in sprookjes hoort geen verdriet, en daarom waren de tranen van Máxima zo mooi. Omdat sprookjes alleen maar mooi zijn, zijn ze daardoor vaak niet echt. Maar de tranen van Máxima zorgden voor de realiteit: alles was mooi, maar er was ook verdriet – en zo werd het sprookje werkelijkheid. Het was niet alleen een zoetsappig sprookje, het was er één uit duizenden: een sprookje van tweeduizendtwee nachten.

Een prachtige keuze, de tango van Astor Piazzolla. Ik denk dat zelfs veel republikeinen rillingen hebben gevoeld en kippenvel hebben gekregen toen ze die melodie hoorden. Ik ben benieuwd hoe al die mensen die een aanval op het paar hebben gedaan, zich hebben gevoeld na zo'n dag.

Iedereen heeft maar wat gezegd over Willem-Alexander en Máxima en dat was zo overbodig en zo onnodig. Dan hoor ik zogenaamde intellectuelen op tv een zogenaamd wijze vraag stellen: 'Weet Máxima eigenlijk wel waar ze aan begint?'

Misschien ben ik niet echt intelligent, want ik begrijp die vraag domweg niet. Wie weet er in godsnaam wél waar hij of zij aan begint als hij of zij gaat trouwen? Trouwen is toch altijd een gok, het beste risico dat je kunt nemen om gelukkig te worden... (of ongelukkig).

Wat ik helemaal niet heb begrepen, zijn de uitspraken van Leon de Winter. Iedereen mag zeggen wat hij of zij vindt, maar om nu zo beledigend te zijn tegenover een oude dame die dement is en haar te vergelijken met een labrador (die overigens heel intelligent zijn, ze worden niet voor niets als blindengeleidehond gebruikt) – ik weet niet waar dat nou voor nodig is. Om de publiciteit hoeft hij het niet te doen, lijkt mij. Zijn boeken zijn goed en verkopen goed. En dan in een Duitse krant. 'Ik zeg het je, het is landverraad,' zegt mijn buurvrouw overtuigd. Ik weet niet of het landverraad is; je hoeft als Nederlander of als inwoner van Nederland niet van alles te houden wat van Nederland is. Maar je hoeft ook niet zo beledigend en grof te zijn. Maar ja, dat vind ik; ik, die vaak beschouwd wordt als braaf, terwijl ik helemaal niet zo braaf ben, maar gewoon zeer gericht op gedragscodes.

Met deze bruiloft maak je zelfs vrienden. Als je even in

een winkel staat, merk je dat zodra het onderwerp bruiloft valt, iedereen het in de zaak met elkaar eens is. En dan begint een heel leuk gesprek, een soort theekransje met mannen erbij. Het lijkt zelfs op een kringgesprek.

Wat had Nederland toch zo'n emotionele dag met zo'n emotionele en gepassioneerde bruid nodig. Wat heerlijk om eindelijk te kunnen uiten wat je voelt. De tranen van Máxima hebben zoveel andere tranen losgemaakt; voor velen moet het als een bevrijding hebben gevoeld.

Ik vind het mooi dat we heel af en toe geloven in sprookjes. En ik denk dat ons onderbewustzijn en onze instincten het af en toe ook heel prettig vinden dat we gewoon toegeven aan een sprookje.

Sprookjes zijn misschien wel mooi omdat ze niet voor eeuwig zijn. Er kan altijd iets gebeuren wat het sprookje doet wegvagen.

Wanneer ik de dag na de bruiloft de beelden zie van de aardbeving in Turkije, dan voel ik weer dat het leven kan veranderen van een sprookje in een hel. De aardbeving in Turkije zorgde weer voor veel leed en veel verlies. Zo'n afscheid lijkt me zo onmenselijk, dat geen veertig dagen – nee, geen heel leven – die pijn zullen doen vergeten. Zo onverwacht en zo uit het niets, het is onmogelijk te volgen. 'De wet van God' noemen ze het in Turkije. En God heeft geen advocaat of rechters, hij beslist volledig zelf. Waarom?

Ach, die vraag zal wel altijd mijn trouwe vriend zijn, die altijd bij mij zal blijven en mij nooit zal vervelen.

Envelop met inhoud

Onlangs kreeg ik de E. du Perronprijs voor mijn boek *De garnalenpelster*. Ik had wel gehoord van E. du Perron en ook dat hij het boek *Het land van herkomst* had geschreven. Maar ik had nooit gehoord dat er een prijs aan zijn naam was verbonden. Die prijs was een initiatief van de Katholieke Universiteit Brabant. Elk jaar wordt die door een jury toegekend. De prijs is voor mensen die wederzijds begrip en een goede verstandhouding tussen bevolkingsgroepen in Nederland bevorderen.

Ik werd gebeld met de mededeling dat ik in aanmerking kwam voor die prijs en of ik die in ontvangst wilde nemen. Ja, dat wilde ik.

Ik had nog nooit een prijs ontvangen voor iets wat ik had gedaan en ik wist dat ik diep in mijn hart niet veel gaf om prijzen. Iedereen die zijn gevoel in beeld of tekst uit, is voor mij een winnaar. Desondanks voelde het als een blijk van erkenning en ik kan niet ontkennen dat dat goed voelde.

De prijsuitreiking was in Tilburg en ik ging erheen samen met Thomas Verbogt. Hij had het voorwoord geschreven en mij geholpen met het boek. Hij was trots op me.

We kwamen in de Congreszaal in Tilburg aan. Er zaten heel veel mensen, ongeveer vierhonderd, in de zaal. Ik dacht: goh, al die mensen voor mij, wat een eer... Ik begon het steeds bijzonderder te vinden.

We namen plaats. De voorzitter hield een toespraak over mijn twee culturen. Hij praatte zo mooi over mij, dat ik af en toe tegen mezelf moest zeggen: goh, die vrouw over wie hij het heeft, ben ik. En tróts was ik op mezelf.

Later nam de wethouder het woord, hij was ook al zo

lovend. Nee, mijn dag kon niet meer stuk.

Toen gaf de wethouder mij een envelop. Vervolgens hield ik onzeker en op zoek naar woorden mijn speech.

Na mijn toespraak nam ik weer plaats en vroeg meteen aan Thomas: 'Heb ik een beetje leuk gepraat?' 'Ja, het was een goede speech,' zei hij overtuigend.

Na al die toespraken kregen we een toneelstuk te zien: een stuk over Theo en Vincent van Gogh. Het aparte van dit stuk was dat het in gebarentaal werd gespeeld. Een dame vertaalde het in woorden. De voorstelling duurde anderhalf uur. Naast mij zat, in alle stilte, de wethouder. Hij viel in slaap; eerst viel zijn hoofd opzij en vervolgens begon hij te snurken. Ik gaf hem een por en zei: 'U slaapt.' 'Helemaal niet', was zijn reactie. Ik zei: 'Jawel, u snurkt.' Daarvan had hij niet terug.

Het stuk duurde lang. Het was heel mooi gedaan, hoe de gevoelens van de twee broers Van Gogh in doventaal werden geuit. Maar het duurde wel heel erg lang en ik zat met een dringende vraag: wat heeft dit stuk met mijn boek te maken? Ik dacht: misschien is het verband dat er een heel klein stukje over Vincent van Gogh in mijn boek staat, maar dat was zo'n detail, daar kon het haast niet op gebaseerd zijn.

Toen het stuk was afgelopen, merkte ik dat alleen een paar mensen applaudisseerden, de rest van de zaal, vrijwel al die vierhonderd mensen, wuifde met de handen in de lucht. Kennelijk applaudisseren doven zo. Pas tóén bleek dat dit eigenlijk een symposium was voor doven en slechthorenden en dat ze de uitreiking van de E. du Perronprijs ertussen hadden gezet. Vermoedelijk om de kosten laag te houden, dan hoefden ze niet een zaal te huren. Ik stond erbij en keek er vol verbijstering naar. De meerderheid van de zaal had waarschijnlijk al die toespraken niet eens verstaan.

We verlieten de zaal. De voorzitter kwam naar me toe en

vroeg of ik de envelop al had geopend. Ik ontkende. 'Nou, dat hoeft ook niet, hoor,' zei hij, 'want er zit gewoon een folder van de universiteit in. Ik heb geen tijd gehad om het geld op te halen bij de bank, maar ik kan hierachter wel even die 810 euro voor je pinnen.'

Mijn Turkse en mijn Nederlandse klompen braken doormidden. Dit kon niet waar zijn. Was dit een prijsuitreiking? Was dit de waardering voor wat ik had gedaan? Ze hadden niet eens de moeite genomen om, voor mijn part, iets op papier te zetten, laat staan een beeldje of zoiets te geven. Ik zei: 'Ik heb het toch al eerder gezegd: stort u het maar op de rekening van Unicef.' De wethouder, die erbij stond, kwam bijdehand uit de hoek: 'Ja, dat is aftrekbaar voor de belasting, hè?'

Nee, ik kon dit niet meer aan. Wellicht draait Eduard du Perron zich om in zijn graf; dat zíjn naam aan deze vertoning is verleend. Het leek wel alsof ze dachten: ach, laten we die allochtoontjes zo nu en dan een schouderklopje geven, dan hebben zij ook wat.

Mijn tenen stonden krom van het tafereel (sinds het afscheid van mijn vader en zijn voeten ben ik zeer bezig met alle spreekwoorden en gezegdes over voeten). Thomas en ik vertrokken vol verbazing en verbijstering. In de auto hebben we er hard om kunnen lachen, en het mooiste: we hebben er samen een conference over kunnen schrijven voor mijn voorstelling van oktober 2003, die *Held op blote voeten* zal heten.

Nee, de dood verbaast niemand meer, maar het leven blijft één grote verbazing.

Volle weilanden

Alleen als je je heden waardevol zaait, zal je een waardevol morgen oogsten, zei mijn oma. Die zin heb ik nooit begrepen, zeker omdat die niet klopte. Soms kan ik echt veel geleerd hebben en veel waardevols hebben gezaaid in het heden, maar dan kan ik morgen alsnog verdwalen en slecht oogsten.

Ik ben er inmiddels aan gewend dat ik de drijfveer van veel mensen niet begrijp, maar toch kan ik me er niet bij neerleggen. Al weken-, maandenlang duikt de naam van Pim Fortuyn op. En al weken wil ik bewust niets over hem schrijven omdat ik vind dat hij genoeg publiciteit krijgt.

Toen ik las dat hij vond dat Nederland vol was, kon ik hem geen ongelijk geven.

Toen wij in 1980 voor het eerst vanuit Turkije naar Nederland reden, mijn vader, moeder, broer, zus en ik, vond ik het als kind van tien heel raar dat Turkije zo'n groot land was met honderden vierkante kilometers lege vlaktes, en dat er bij elke stad huizen bij elkaar waren gepropt. De uitleg van mijn vader was heel logisch. Hij zei: 'De overheid heeft het geld niet om over zulke afstanden elektriciteits-, gas- en waterleidingen aan te leggen. Het is goedkoper om huizen dicht bij elkaar te plaatsen, met grote, lege afstanden tussen de steden en dorpen. In Nederland is het andersom, de overheid heeft het geld wel maar het land niet en daarom leven de mensen zo dicht bij elkaar.'

Als kind voelde ik me blij dat we naar een rijk land gingen. En Nederland was rijk aan alles, behalve aan land.

Nu, tweeëntwintig jaar later, merk ik dat ik zorgelijk in mijn auto om me heen kijk. Een plek waar vorig jaar nog weiland was, staat nu vol met rijtjeshuizen of is een industrieterrein. Ja, Nederland raakt vol, mensen vermenigvuldigen zich, maar hoe vermenigvuldig je land? Door de zee in te polderen? De zee, waarmee velen hun brood verdienen? Het antwoord weet ik niet, maar ik weet wel dat Nederland voller en voller wordt.

'Goh, dat jij dat als buitenlander durft te zeggen,' zei een journaliste laatst. Ik vind het raar dat ze zoiets opmerkte. Een buitenlander heeft toch ook ogen en hersenen. Natuurlijk ben ik ervoor dat iedereen die in een oorlog leeft en asiel zoekt, welkom is, maar ik vraag me af hoe die verdragen binnen de Europese Unie luiden; de munt is één geworden, hoe staat het met de idealen?

Ik las een column van professor Bob Smalhout in *De Telegraaf*. Hij schreef hoeveel inwoners per vierkante kilometer de landen in Europa hebben: Denemarken 124, Zwitserland 173 en Nederland 470. Het lijkt mij als leek dan logisch dat Denemarken en Zwitserland vanaf nu drie keer zoveel mensen in nood moeten helpen.

'Je moet bij het helpen van anderen niet zelf zinken,' zei mijn vader. Dat vond ik altijd zo'n rare gedachte. Wat dan? Moest je dan de ander niet helpen omdat je geen risico durft te lopen voor jezelf? Nee, dat zag ik volgens hem verkeerd, risico's kennen ook hun beperkingen. Ik begreep het niet, en ik begrijp het nog steeds niet. Ik begrijp alleen dat het aantal weilanden minder en minder wordt.

Die Pim vond ik een *muppet*. Hij zei zoveel, soms dingen die waar zijn, soms dingen puur om te shockeren. Ik vond hem een populist die een soort slimme Hans Janmaat aan het spelen was. En wat ik van hem vond, was in het geheel niet belangrijk; iedereen vond wel wat van hem. Het belangrijke zijn het aantal zetels dat hij zal halen en zijn vermogen om te overtuigen.

De dag dat ik 's morgens vroeg in *de Volkskrant* las wat hij over de islam vond, kon ik ook niet echt geshockeerd raken. Iedereen mag over welk geloof dan ook vinden wat hij wil. Dat Fortuyn dat zo respectloos deed, was wellicht een wraakactie tegen een imam die ooit iets over de homo's heeft gezegd. Dat was een heel foute, waardeloze opmerking van die imam en bovendien van een zeer laag niveau. En dat niveau haalde Pim nu ook met zijn opmerking: touché.

Maar toen ik later op de dag op de radio hoorde dat hij artikel 1 van de Grondwet niet vond deugen, ging er echt iets door me heen. Het artikel 1 dat minister Roger van Boxtel gebruikte om die imam op zijn rechten en vooral op zijn plichten te wijzen.

In diezelfde column legt professor Smalhout uit dat er niets fout is aan die opmerking en dat alles wat in dat artikel staat ook in artikel 137 staat. Dus we hoeven niet te vrezen. Professor Smalhout schreef een mooie column vol feiten, al begon hij steeds meer te lijken op de advocaat van Pim. Maar zijn column gaf de geruststelling dat Pim geen boeman is, hooguit dat hij iemand is die ook respect verdient, volgens artikel 1.

Maar goed, dat was gisteren. Wijzer, ontwikkelder en rijper gaan we naar morgen. Morgen, waar we zo weinig vanaf weten.

Tijdloze herinnering

Gisteren was het precies veertig dagen geleden dat mijn vader is overleden. Ik heb geen idee hoe snel de tijd aan de andere kant gaat, maar hier gaat alles zo snel dat de tijd vlugger verstrijkt dan dat de herinnering aan je voorbij is gegaan. In mijn hoofd en hart lijkt het gisteren, terwijl we al veertig dagen verder zijn.

Op de veertigste dag is het rouwen voorbij en maak je, net als op de zevende dag, helva (een zoet gerecht) en ditmaal niet alleen helva, maar ook heel veel eten. Dan nodig je iedereen uit die je veertig dagen lang eten heeft gebracht en weer zorg je dat alle arme mensen bij je in de buurt ook eten krijgen.

Met helva maken op de zevende dag had ik niet veel bereikt, behalve de eendjes voeren, en nu waagde ik me niet aan de maaltijd. Mijn tante die in Turkije woont belde en vroeg wat voor gerechten ik had gemaakt. Ik vertelde haar dat ik daar niet aan toe was gekomen, doordat ik noch tijd had, noch armen om me heen. Dan moet je geld storten, zei ze. Dit was voor mij ook nieuw.

'Hoe bedoelt u, geld storten?'

'Nou, voor de armen, dan kunnen ze alsnog eten kopen van jouw geld en hun dankbaarheid zal de ziel van je vader strelen.'

'Ik begrijp niet dat er met zoveel mooie gewoontes nog zoveel slechtheid bestaat in de wereld.'

'Als slechtheid niet zou bestaan, dan hadden de goede daden geen betekenis en om het goede te behouden, moet je ze blijven voortzetten. Dus ook in Nederland, waar je hard werkt, mag je niet aan de warme menselijke gewoonten ontkomen. Geen tijd, alle begrip, maar dan moet je gewoon geld storten. Ik geef je het rekeningnummer van de stichting Straatkinderen,' zei ze streng.

Het heeft wel iets moois, dat ik op mijn tweeëndertigste nog door mijn tante wordt gewezen op tradities, waarden en normen.

'Je moet je aanpassen en ontwikkelen, waar je ook heen gaat, maar vergeet nooit waar je vandaan komt,' zei ze, nadat ze het nummer had gegeven. 'Je kostbaarste bezit is wat je hebt meegekregen van God en van huis uit.'

Het waren mooie uitspraken van mijn tante en er zat ook wel een vorm van waarheid in. Maar ik geloof ook in selecteren en destilleren; niet alles hoeft goed en mooi te zijn wat je meekrijgt van waar ook. Natuurlijk zijn bepaalde waarden en normen je steunpilaren in het leven, maar het mag niet vastroesten in een vorm.

Toen ik dit zei tegen mijn tante, werd het eerst stil en toen zei ze: 'Als je maar nooit iemand wordt die verdwaalt in een leegte van norm- en waardeloosheid. Het zal je niet gelukkig maken. Vrijheid is kostbaar als die beperkingen heeft. Als alles kan en mag, wil dat niet zeggen dat je daarmee het paradijs ontdekt.'

Daar was ik het wel mee eens.

Ik moest denken aan al dat gepraat over de noodzaak van integratie. Integratie wordt zo vaak verkeerd geïnterpreteerd en uitgelegd. Ik denk dat het juist heel mooi is als je van beide kanten integreert. Dat het op culinair gebied al zover is, is niets nieuws. Maar geloven zullen niet in elkaar opgaan, die illusie heb ik opgegeven. Misschien is de behoefte er ook helemaal niet; elkaars geloof respecteren is al zo moeilijk voor zovelen. Maar het handhaven van bepaalde tradities geeft inhoud aan het gevoel erbij te horen.

Als men het heeft over 'integratie', dan klinkt dat alsof je alles wat traditie is moet opgeven; aan de andere kant klinkt 'niet-integreren' alsof je lak hebt aan de gewoonten van het land waarin je leeft.

Terwijl het woordenboek van Van Dale voor 'integratie' de definitie geeft 'opnemen in een geheel', wordt niet vermeld wat je moet doen om opgenomen te worden.

Ik denk dan ook dat het woord 'integratie' of eens goed omschreven moet worden, of dat een nieuwe definitie aan dat woord moet worden gegeven: 'behouden, maar ook ontwikkelen van gewoontes, waarden en normen' bijvoorbeeld.

Nu ik dit schrijf, besef ik dat de vraag dan is: hoe destilleer je dat? Een term is algemeen voor iedereen, terwijl ieder niet algemeen, maar uniek is.

Ik denk dat we onderscheid moeten maken tussen regels en suggesties. De taal leren beheersen is wat mij betreft regel één. Maar mannen en vrouwen in het ziekenhuis gemengd op een zaal laten liggen, zou een suggestie moeten zijn. Ik spreek uit eigen ervaring: ik lag eens in het ziekenhuis tussen vijf mannen, en het had niets met mijn geloof of traditie te maken, maar ik vond het onprettig om daar te liggen.

Uiteindelijk kun je alleen prettig met anderen samenleven als je elkaar begrijpt en dit geldt niet alleen voor buitenlanders of voor Nederlanders, maar voor mensen in het algemeen. Voor partners die een huis delen is het een vereiste, maar ook voor de bewoners van een land lijkt het me een must.

De tijd gaat snel voorbij, maar zich ontwikkelen en leren samenleven in harmonie kan niet snel genoeg gaan. De tijd gaat niet alleen snel, maar neemt soms ook dingen met zich mee. Gelukkig zullen herinneringen altijd blijven bestaan.

Het verlangen naar kreeft

'Ik ga een lady van je maken,' zei een man ooit tegen me. Een dodelijke opmerking. Er zijn ook mannen die tegen je zeggen: 'Je moet niet verliefd op me worden, hoor.' Tien jaar geleden antwoordde ik op zo'n kreet: 'Als jij dat wilt...' Maar nu zou ik zeggen: 'Bemoei je met je eigen zaken. Er is er maar één die daarover beslist en dat is mijn gevoel.'

Tien jaar geleden, toen ik tweeëntwintig was, had ik een vriend van achtenveertig jaar. Op onze eerste afspraak nam hij mij mee uiteten, naar een luxueus restaurant. 'Zorg ervoor dat je erop gekleed bent', had hij gezegd. Ik vond het spannend, want sinds mijn vijftiende was ik niet meer in dit soort gelegenheden geweest. De laatste keer was met mijn ouders.

Hij nam me mee naar De Kersentuin in Amsterdam. Ik was er nog nooit geweest. We namen plaats. Hij vroeg om de wijnkaart en zei tegen me: 'Ik zal je even lesgeven over de wijnen, want ik ga een lady van je maken.'

Het was dezelfde opmerking die mijn vader op mijn elfde tegen me had gemaakt. En elke keer gaf hij mij in restaurants uitleg over visbestek, drank, glazen en noem maar op. En op dat moment wist ik dat ik met een foute man aan tafel zat. We gingen bestellen. Hij bestelde kreeft. Ik was gek op kreeft en had er ontzettend trek in, maar durfde dat niet te bestellen, want na zo'n opmerking was ik te bang om te knoeien.

Thuis, als mijn moeder het maakte, was het anders. Dan kregen we heel grote servetten, een enorme kreeftenkraker en een krab/kreeftvork. En dat was letterlijk een avond lang genieten. Maar nu moest ik er niet aan denken dat ik mijn handen vies zou maken. Voor de veiligheid bestelde ik soep, maar het verlangen naar kreeft bleef.

Toen zijn kreeft kwam, werd mijn verlangen nog groter. De kreeft was gefileerd en verpakt in filodeeg, in de vorm van een roos. Na die avond heb ik drie maanden lang gespaard, en ben ik weer naar De Kersentuin gegaan om kreeft te bestellen. Maar de menukaart was veranderd, de kreeft stond er niet meer op.

Nu, tien jaar later, nodigden mijn dierbare vrienden Marianne en Steven mij uit om naar De Kersentuin te gaan. Er was daar een Escoffierweek (Auguste Escoffier was een cuisinier eind negentiende- begin twintigste eeuw. Hij had een kookstijl van natuurlijke eenvoud en sierlijkheid). Ze hadden Constant Fonk, ook een cuisinier, gevraagd om deze week in de keuken te staan. We moesten om halfzeven aanwezig zijn, want anders zou de kok het niet redden met zoveel mensen tegelijk. Dus zaten we braaf om kwart voor zeven aan tafel. En als een soort verzoening met het verleden, bestelde ik kreeft die op de kaart stond als hoofdgerecht van een viergangenmenu. Op het moment dat we met ons voorgerecht bezig waren, zag ik Johannes van Dam binnenkomen. Het is altijd leuk om een collega tegen te komen. Elke keer dat ik hem tegenkwam werd hij groter en breder, maar hoe kan het ook anders, als je de lekkerste baan hebt...

Van Dam ging meteen naar de keuken en maakte een babbeltje met de cuisinier, wat erg lang duurde. Er zaten heel veel stellen en het woord 'lady' bleef maar door mijn hoofd spoken.

Vervolgens kregen we het tussengerecht. Het werd acht uur, negen uur, halftien, en nog steeds was er geen hoofdgerecht te bekennen. Steven riep de kelner en sprak zijn ongenoegen uit. De kelner zei: 'Ik kan niets anders zeggen dan dat u geheel gelijk hebt.' En lief als Steven en Marianne zijn, zeiden ze: 'Ja, dank u wel, wat aardig dat u het toegeeft.'

Ik moest lachen om ze. Ik zei: 'Wat zijn jullie toch lief. Die man heeft alleen maar gezegd dat jullie gelijk hebben, maar er verandert niets aan de situatie en toch zijn jullie dankbaar.' Zij moesten zelf ook lachen.

Inmiddels was het tien uur en Johannes van Dam was bijna klaar met zijn hoofdgerecht, terwijl wij, die er veel eerder zaten en niet een kwartier lang met de kok hadden gesproken, nog altijd op ons hoofdgerecht wachtten.

Om kwart over tien was de maat vol. We besloten te gaan; Steven riep de kelner en zei: 'We waren verplicht om halfzeven aanwezig te zijn, maar zo lang wachten kan echt niet. We willen de rekening.' Een andere kelner bood ook zijn excuses aan en zei dat wij niets hoefden te betalen, als compensatie van die blunder. Dat was een aardige geste en weer bedankte Steven hoffelijk, omdat hij het een genereus gebaar vond. Maar ik had nog steeds dat verlangen naar kreeft en had dus niets aan die geste. En voor de derde keer vertrok ik uit De Kersentuin met een hevig verlangen naar kreeft. Onderweg stelden Steven en Marianne mij gerust door te vertellen dat zij thuis het dikke kookboek van Escoffier hebben en dat ze voor mij kreeft zouden maken.

Je kunt alleen verlangen naar iets wat je niet hebt; en misschien is dat ook wel goed. Gelukkig ben ik me ervan bewust dat het verlangen naar kreeft niets voorstelt vergeleken bij het verlangen naar vrijheid, vrede en liefde. Maar kleine verlangens in het leven bezorgen je vaak een groot genot, als het lukt om ze waar te maken.

Het bal der liefde

Het is vijf uur vanochtend, over twee uurtjes moet deze column bij *Het Parool* gearriveerd zijn.

Als u deze tekst aan het lezen bent, is het dus gelukt.

Dat ik nu pas aan het schrijven ben, is een gevolg van het feit dat ik het over het Boekenbal wilde hebben. Het Boekenbal, dat mij elk jaar weer intrigeert en dat mij nog niet één keer een goed gevoel heeft gegeven.

Mijn eerste Boekenbal gaf me het Assepoestergevoel, het Cinderellagevoel. Nou ja, voor wat betreft de jurk dan, maar toen ik binnen was, voelde ik me nog steeds Assepoester: ik kende niemand – behalve de heel bekende schrijvers en de ministers – en niemand kende mij – behalve mijn uitgever.

In drie jaar is er wellicht wel iets veranderd aan mijn bekendheid, maar het gevoel onbekend te zijn is altijd gebleven. Zelfs als mensen je herkennen en een praatje met je maken – dat is meestal trouwens een praatje in de kleinste vorm – blijft het gesprek zo oppervlakkig dat je eigenlijk altijd onbekenden voor elkaar zult blijven.

En misschien is dat maar goed ook, misschien zoek ik iets wat er niet is en wat er niet hoeft te zijn.

Misschien is de lol van zo'n bal gewoon dat je al die hoofden van de televisie die je tijdens het zappen ziet, nu bij elkaar ziet. De hoofden lopen, ze lachen, ze kijken elkaar aan en ze maken een babbeltje.

Het enige verschil tussen dit jaar en vorige jaren is iets wat ik heb gedaan: ik heb ditmaal gedanst – en tijdens het dansen geniet je erg van de muziek en van het gevoel dat daarbij vrijkomt, dat vertaald wordt in een vorm van lichaamstaal.

Dat waren de paar momenten dat ik heb genoten.

Het onderwerp van dit jaar was liefde. De echte liefde is in ieders eigen hart, maar de gewoonte die vooral niet bloot te geven – en zeker niet op zo'n bal der oppervlakkigen – gaf het onderwerp liefde niet veel warmte.

Integendeel zelfs, het was daardoor gewoon een woord, terwijl elk verlangen met de liefde voor iets begint.

Ik was zeer benieuwd – net als velen overigens – hoe het feest bij Paradiso was. Wat een leuke actie vond ik dat, het Bal der Geweigerden.

Het balgeschenk daar was een boekje dat was geschreven door Arnon Grunberg: *Geweigerde liefde.*

En dat feest ging door tot vijf uur, anders had ik om drie uur achter mijn column kunnen zitten...

Het leuke aan dit feest in Paradiso was dat er meer echte mensen rondliepen, men liep niet met een air van 'ik ben heel belangrijk'.

Ik zat naast Gerrit Komrij, hij had de opening in Paradiso gedaan. Ik vroeg hem of hij ook naar het echte Boekenbal was gegaan, en toen ik het zei, hoorde ik hoe belachelijk het woord 'echte' klonk.

Hij was er niet geweest, en hij hoefde er ook niet heen, hij was er drie keer geweest en dat was meer dan voldoende. Gek genoeg had ik dat gevoel ook.

Ik was een fan van Gerrit Komrij; behalve met zijn boeken heeft hij mijn hart gestolen met zijn gedicht 'De Demon'. Dat gedicht had ik als kaart ontvangen van het 4- en-5-meicomité:

Het is een sport om met gestrekte vinger
te wijzen naar de goeden en de kwaden
Ik houd het liever bij de binnendringer
die in mij zelf verlangt naar euveldaden.
Twee zielen huizen in ons en ze heten ons
meestal-kwade en soms-betere ik.

Ik hoor ze altijd. In mij woedt hun vete.
Straks klopt de demon weer. Vrees ik zijn tik?
De vrede om ons is maar schijn van vrede.
Ons eerste ik voert oorlog met ons tweede.
Ik word zo weer de ander die ik ben.
Zolang ik mijn gehate ik maar ken
en in de gaten houd ben ik niet bang.
Elk uur van lauwheid is een uur te lang.

Ik herkende die intense tweestrijd in mezelf.

En dat was wat ik niet begreep van mezelf: elke keer ga ik met een niet-leuk gevoel weg bij het Boekenbal en toch ga ik het jaar erop weer, met de gedachte dat het dit jaar misschien wel leuk wordt. Maar dat blijkt hooguit een wens die maar niet uitkomt.

Toen ik in de toiletruimte van Paradiso stond, vroeg een dame of ik bij het echte Boekenbal was geweest.

Ja, dat was ik.

'Het lijkt me zo bijzonder om daar te mogen komen, dat iedereen elkaar ziet en kent. Wat een gezelligheid moet dat zijn,' zei ze.

Dat dacht ik drie jaar geleden ook.

Misschien is een illusie wel mooier dan de werkelijkheid.

Een gouden herinnering

Toen ik pas in mijn nieuwe huis woonde, leerde ik mijn nieuwe buren kennen. Op de dag dat ik bij hen op bezoek was, zag ik een foto aan de muur hangen van een skiër in enorme vaart en die skiër had één been. Toen ze zag dat ik naar de foto keek, vertelde mijn buurvrouw dat het haar zoon was. Vorig jaar heb ik er in een column over geschreven: 'Op een sterk been' (*Het Parool* van 28 februari).

'Hoe is het gekomen dat hij één been heeft? "Hij was acht jaar, ging fietsen op het ijs, viel en brak zijn bovenbeen. Die schijn je niet zo gauw te breken. De arts vond het verdacht en onderzocht het. Hij constateerde dat de jongen botkanker had. Je wereld stort in. Hij was nog zo jong. Er was nog wel hoop, het was nog niet uitgezaaid in zijn lichaam, maar het been moest er wel af, anders liep hij kans dat de kanker alsnog zou uitzaaien," vertelde ze. Het dilemma was duidelijk, maar de stap ook.

"De week van zijn val zouden we gaan skiën. Het zou voor Martijn zijn eerste skivakantie zijn. Maar dat ging dus niet door. Hij had zich zo verheugd op die vakantie en zijn ziekte kon betekenen dat hij nooit zou kunnen skiën. Ik beloofde hem: wat er ook gebeurt, ik zal iemand vinden die jou leert skiën. Want ik had ooit gezien dat je met één been kunt skiën. Het jaar na de operatie, in 1983, is hij meegegaan met de Nederlandse Ski Vereniging, afdeling gehandicapten.

Toen hij weer thuis was, kregen we een telefoontje van de vereniging dat ze Martijn wilden hebben bij de kernploeg, om te trainen voor wedstrijden. Ze zagen een groot talent in hem. Maar hij was nog maar negen, hij mocht skiën, maar niet zo intensief. Ik vond hem te jong. Eén keer per winter vond ik voldoende. Toen hij veertien was, belde de Nederlandse Ski Vereniging weer, en toen vond ik het goed. In 1994, in Noorwegen, werd hij op de Paralympics derde en in 1998 zat hij bij de toptien. Nu is hij aan het trainen voor Salt Lake City in 2002.

Bij al dat succes ben ik vooral blij dat hij nooit zijn levenslust en humor heeft verloren. Hij wilde niet zielig worden gevonden en maakte er grapjes over. Hij vroeg de buurman op een dag: 'Weet u wat het toppunt van sadisme is? Je kind met één been een step cadeau geven,' en hij lag in een deuk, terwijl de buurman ongemakkelijk om zich heen keek.

Hij heeft een keer een kat uit het asiel gehaald, een kat die maar drie poten had. Hij had gezegd: 'Mijn moeder weet er wel raad mee.' Ik denk dat zijn humor hem de kracht heeft gegeven zijn handicap te overwinnen."

Ik was trots op mijn buurjongen, Martijn Wijsman, en hoop dat hij in 2002 goud zal winnen. Tevens hoop ik dat er dan meer aandacht wordt geschonken aan de Paralympics dan de voorgaande keren.'

Dit was mijn tekst vorig jaar. Er is helaas niet veel veranderd. De Paralympics kregen opnieuw weinig aandacht, het hoogtepunt was toen Máxima en Willem-Alexander erheen gingen.

Mijn buurvrouw en buurman konden niet naar Salt Lake City. Ze hadden nauwelijks kans te worden toegelaten tot het olympisch dorp. Daar kwam nog bij dat de tickets, hotels en maaltijden onbetaalbaar waren. Daar waren ze droevig over, maar hun grote troost was de aandacht van Máxima en Willem-Alexander. 'Dan kan Martijn tenminste genieten van hun aanwezigheid,' zei mijn buurvrouw.

Ze hoopten ook dat door de komst van het paar toch aandacht zou worden geschonken aan de Paralympics en dat was ook zo. Het was niet veel, maar in elk geval meer dan in vorige jaren. De Telegraaf heeft zelfs een fotootje op de voorpagina geplaatst. En tot hun blijdschap was er een tv-uitzending van dertien seconden, waarin ze in een flits hun zoon voorbij zagen gaan.

Ik weet hoeveel moeite mijn buurvrouw heeft gedaan de media ertoe te brengen iets van de Paralympics te laten zien, maar aandacht was er amper. Frits Spits heeft dat als enige echt gedaan, eergisteren in *Ontbijt-tv*.

Ik begrijp niet waarom er niet genoeg aandacht voor is, want skiën met twee benen en twee handen kan iedereen. Skiën met één been, dat is pas knap en dat verdient extra aandacht. Vaak is het ook nog eens zo dat áls er aandacht is voor gehandicapten, het altijd op een zielige toon is.

Eergisteren kwam Martijn terug en wanneer ik met hem praat, is hij allesbehalve zielig. Trots is hij op wat hij allemaal heeft meegemaakt. Hij is zelfs nuchter over de aandacht die hij wel of niet krijgt. Hij beoefent zijn sport uit liefde en niet om de aandacht, zegt hij.

Maar ik begrijp ook de ouders van gehandicapte sporters, die er zoveel energie, tijd en geld in hebben gestopt om hun kinderen op tv te zien, om een blijk van waardering en erkenning te krijgen. Martijn beschreef de kennismaking met Máxima en Willem-Alexander als echte erkenning en teken van respect. Hij vond vooral bijzonder hoe geïnteresseerd Máxima was.

Martijn heeft geen goud gewonnen, maar is vijfde geworden op de slalom. Toch is mijn hoop een beetje uitgekomen: uiteindelijk heeft hij een gouden herinnering voor de rest van zijn leven.

Simpel leven

Ooit had ik een buurman en een buurvrouw die mij zagen als hun kind. Ze waren vijfenzestig en achtenzestig jaar oud, ongewenst kinderloos, en mij zagen ze volledig als hun dochter. Ik was toen tien jaar en woonde in Heerenveen. Mijn Nederlands heb ik op school en met cursussen geleerd, maar vooral ook door met hen te praten.

Zij aten 's middags warm en hadden aan mijn ouders gevraagd of ik elke middag bij hen mocht eten, want dat vonden ze gezellig. En dat gold ook voor mij. Ik vond het dolle pret bij hen te eten, want ik at dan dingen die ik nog nooit had gegeten. Zuurkool, tomatensoep met uit runderpoulet getrokken bouillon, sudderlapjes, goulash, bitterkoekjespudding, drie-in-de-pan, ga zo maar door. Aan hen heb ik te danken dat ik bepaalde ouderwets-Nederlandse omagerechten ken en ook kan klaarmaken.

Maar het bleef niet bij eten: alles wat ik aanraakte aan tafel, werd benoemd, en ik moest het woord ook zelf uitspreken. Ik leerde hoe iedere kleur heette. Gek genoeg vond ik dit de allerleukste taallessen die ik in die tijd heb gekregen.

Mijn buurman was idolaat van boeken, vooral van die van Gerard Reve. *De avonden* was zijn favoriete boek. 'Jammer dat jij niet goed Nederlands spreekt, want ik ben benieuwd wat jij ervan had gevonden,' zei hij dan met veel gebaren en uitleg, maar hier kwam het op neer.

Ik kreeg een boek van hem cadeau, met de mededeling dat ik dat wel zou begrijpen. Het heette *Het boek van Ot en Sien*. Zo'n mooi boek had ik nog nooit gezien: het had een bordeauxrood linnen omslag, stond vol met de hand ingekleurde tekeningen en de korte teksten waren sierlijk gedrukt.

De traditie om 's middags bij hen te eten werd er nog kleurrijker door. Na het toetje wilden ze dat ik een stukje voorlas. Op school moesten we ook voorlezen en daar bakte ik er niets van. Ik werd onzeker van al die lachende gezichten van de leerlingen, een gevoel van gêne bekroop me omdat ik uitgelachen werd, waardoor ik nóg beroerder voorlas. Maar bij hen aan de keukentafel kon ik rustig voorlezen, want ik zag in hun gezichten een blijk van vooruitgang. Tot op heden heb ik last van faalangst bij voorlezen, ik doe het nog steeds beroerd, vooral voor een groot publiek.

Ot en Sien verrijkten mijn leven, niet alleen op het moment dat ik het voorlas, maar de hele stijl van leven in het boek maakte mij gelukkig. Vader werkte en verdiende het geld, moeder zorgde voor de kinderen, het huis en het eten, de kinderen speelden buiten en hadden altijd pret. Zo wilde ik dat het zou gaan.

En zo ging het ook voor een deel. Papa werkte, mama was thuis, maar buiten spelen en pret hebben zat er voor mij niet in, want ik had geen vrienden. Het leven van Ot en Sien was zo simpel, terwijl mijn leven zo gecompliceerd was. Toch kreeg ik hoop door het boek en leerde de (toen nog zinloze) zin: 'Het komt wel goed.'

Twee jaar nadat ik hem had leren kennen en van hem was gaan houden als van een vader, stierf mijn buurman. Hij kreeg een hartinfarct. Mijn buurvrouw werd de beste vriendin van mijn moeder en deel van ons gezin. Nu at zij elke dag bij ons. Af en toe kookte ze nog voor ons tweetjes, maar niet zo vaak meer, want mijn moeder kookte genoeg voor iedereen.

Mijn buurman liet mij al zijn boeken na. Ik heb hem heel lang gemist en eigenlijk doe ik dat nog steeds. Inmiddels heb ik Gerard Reve gelezen. Ik kan mijn buurman helaas niet meer vertellen wat ik vind: dat ik zijn liefde voor Reve deel.

Toen mijn moeder op mijn vijftiende stierf en mijn vader in coma lag, ging ik naar een kostschool in Steenwijkerwold. Ons huis is toen door anderen leeggehaald; ik was er niet bij, ik was minderjarig en mocht er niet over beslissen. Door de ellende waarin ik toen zat, weet ik niet eens wie ons huis heeft leeggehaald en waar alle spullen heen zijn gegaan. Zo ben ik, tot mijn intense verdriet, alles wat ik had kwijtgeraakt. Maar het meest pijn deed me het verlies van de boeken van mijn buurman en vooral het belangrijkste boek, *Ot en Sien*, dat mij niet alleen herinnert aan de taal die ik erdoor heb geleerd, maar ook aan de liefde voor mijn buren en de mooie momenten die ik met hen heb gedeeld.

Jarenlang ben ik op zoek geweest naar dat ouderwetse boek, vele antiquariaten en boekhandels heb ik bezocht. Inmiddels waren er genoeg herdrukken van *Ot en Sien*, maar allemaal nieuwe. Vorige week had ik een klein interview voor het zaterdagmagazine van *de Volkskrant*, voor de rubriek 'Als ik tijd had...' Daarin had ik verteld dat ik nog steeds op zoek was naar het boek *Ot en Sien*. Maandag werd ik gebeld door de redactie van *de Volkskrant* dat een dame uit Drenthe dat boek had en dat ik haar kon bellen. Ik heb haar gebeld, een boodschap ingesproken op haar antwoordapparaat en wacht nu met spanning of ze terugbelt.

Na tweeëntwintig jaar krijgt de nostalgie door dat boek misschien wel een heel nieuwe prikkeling. Ik weet niet eens meer zeker wat nou de werkelijke hunkering naar het boek is: de herinnering aan mijn lieve buren, of het verlangen naar een simpel leven.

Drie jaar geleden schreef ik op deze plek het volgende:

Ik was met mijn moeder in de bibliotheek om mijn boeken terug te brengen en nieuwe te halen. De vrouw die de boeken terugplaatste, aaide over mijn hoofd en zei: 'Wat lijk jij toch op Anne Frank.'

'Wie is Anne Frank?' vroeg ik mijn moeder. Ze vertelde wie Anne Frank was en wat er in de oorlog gebeurd was. Ik vroeg haar: 'Moesten ze dan allemaal apart leven en kregen ze een davidster om te kunnen zien dat zij joden waren?' 'Ja,' zei mijn moeder en vertelde verder. 'In elk tijdperk is wel een groepering onmenselijk behandeld. Ten tijde van de apartheid hadden de negers aparte scholen en bussen en...' Ik begon te huilen en zij stopte met vertellen. Waarom moesten zij apart? Als kind van tien begreep ik er niets van.

Vroeger werden groepen apart gehouden en apart behandeld. Dat vind ik – en velen met mij – zeer bitter. En nu, anno 1999, is er een nieuwe ontwikkeling. Nu velen eindelijk proberen samen te leven, moet alles ineens weer apart kunnen – vanwege de democratie. Ik kan het niet volgen dat voor elke groepering in Nederland alles apart moet. Ik begrijp dat de reden daarvoor het behouden van de eigen identiteit is en ik weet dat je met mensen met dezelfde waarden en normen een aparte binding hebt. Maar dat kan toch ook in een ontspannen, gezellige sfeer. Net als in restaurants, cafés of vriendenclubjes...

Waarom moeten er aparte scholen voor moslims, christenen, joden en katholieken zijn? Waarom zijn er aparte buitenlandse woonwijken? Nog even en er komen Turkse, Marokkaanse en Surinaamse bejaardenhuizen, ziekenhuizen, tandartsen, apotheken. Misschien moeten we beginnen met het afschaffen van scholen die gebaseerd zijn op een geloof.

Ik ben voor een maatschappij van ons allemaal. Het maakt mij niets uit waar iemand vandaan komt, ik heb respect voor ieders identiteit, maar ik zie ons wel als één geheel. Misschien is de tijd nu aangebroken, nu we de nieuwe eeuw ingaan, dat mensen gaan inzien dat we ván elkaar en mét elkaar kunnen leren en niet dat we afzonderlijk ons eigen groepje gaan vormen.

Ondertussen is de EU hard bezig één te worden. Fijn dat de regeringen één willen worden, terwijl de mensen zich met de dag meer van elkaar afzonderen. Apart is leuk, als je het aparte leert kennen; apart is niets aan zolang het ongekend en onbemind blijft. Gaat dat veranderen? Of ben ik te pessimistisch?

Tot zover wat ik toen had geschreven. Nu, drie jaar later, hoor ik minister Roger van Boxtel hetzelfde zeggen. Helaas krijgt hij van niemand een steuntje in de rug. In naam van de democratie moet ieder zijn eigen geloof kunnen kiezen en uitoefenen. Maar als men ziet dat in de praktijk verzuiling en apartheid voor disharmonie zorgen, wordt het toch eens tijd dat er iets gaat veranderen. Het zou toch een heel goed begin zijn alleen maar openbare scholen te hebben, waar wel godsdienst wordt gegeven, waar elke maand een ander geloof wordt behandeld en waar de christenen in de klas over hun geloofsovertuiging vertellen, evenals de moslims, joden, hindoestanen, boeddhisten. Er zullen discussies worden gevoerd, waardoor je van elkaar kunt leren; meningen en gevoelens zullen botsen, maar uiteindelijk zal elk verschil íéts duidelijk maken. Een imam kan langskomen, een dominee, een rabbi. Pas dan leer je van elkaars geloof. Als alles apart gebeurt, kan er zelfs het gevoel heersen dat dat ene geloof van die school het beste is.

Ik zat vroeger in Heerenveen op openbare scholen, zowel de lagere als de middelbare. Mijn ouders wilden dat. En we hadden een heel bijzondere klas op het leao: er zaten hindoestanen, atheïsten, joden, moslims en christenen in. En met maatschappijleer vertelde ieder waar hij of zij in geloofde. Op een dag zei de leraar: er is maar één god. Daar was mijn hindoestaanse vriendin het geheel niet mee eens, want hindoestanen hebben geen god, maar een godin met een slurf. De hele klas lachte haar uit. Toen heeft ze de week erop een spreekbeurt gehouden over haar geloof. De meeste leerlingen vonden het nog steeds grappig, een godin met een slurf, maar ze begrepen haar standpunt, want die godin zei hetzelfde als al die goden van al die andere geloven.

Uiteindelijk besloot de leraar met een mooie zin waar de hele klas tevreden mee was: hoeveel goden er ook zijn, er is maar één wens; dat is de mensheid in ere houden door eerlijkheid en goedheid.

'Volgens de profeet Mohammed moet je elk geloof eren en respecteren en zoveel geloven je leert kennen, zoveel completer je zult zijn,' vertelde mijn opa, die theoloog was. Telkens als we het in de klas over geloof hadden, moest ik aan mijn opa denken en was ik blij met zoveel verschillende geloven in één klas.

In Turkije hadden we alleen maar moslims en joden in de klas en zo veel verschilden die niet van elkaar, al zou je dat niet zeggen als je nu naar Israël en Palestina kijkt. Het geloof is zijn geloof kwijt en is op zoek naar macht, terwijl het geloven in de macht van de natuur de enige macht is.

Een kwestie van beschaving

Toen ik klein was en een keer mee mocht met mijn ouders naar het theater, dacht ik: dit is een bijzondere wereld, dit is pas een wereld van de beschaving. Hier zal ik alles begrijpen, want je creëert het zelf.

En nu, vijfentwintig jaar later, zit ik in de theaterwereld. Wat je op het podium neerzet, is gelukkig helemaal aan jou en de mensen met wie je werkt. Ik schrijf met Thomas Verbogt. Zo'n samenwerking is onmisbaar; we vullen en voelen elkaar aan. Tijdens het schrijven nemen we mijn belevingswereld, met mijn onmacht, verlangen en vraagtekens, onder de loep. Dat vergroten we en tonen we op het podium.

Iets mooiers kan ik me in het leven voorlopig niet voorstellen. Het publiek is elke avond, in iedere stad, anders, en de voorstelling daardoor ook. Deze wereld is mooier dan ik me als kind van zeven had voorgesteld.

Maar waar ik niet aan gedacht had, waren de theaterdirecteuren en hun regels in het theater. En nu ik ze leer kennen, merk ik dat ze helemaal niet, hooggeëerd, vol beschaving zitten. Want dat dacht ik als kind, dat ieder die in de wereld van de fantasie, komedie en tragedie werkt, een enorme persoonlijkheid zou zijn.

Wat heb ik me vergist. Theaterdirecteuren: ik heb nog nooit zulke kruideniers bij elkaar meegemaakt.

Zij creëren na aankomst echt een theatergevoel bij je. Je komt een theater binnen, bestelt een kopje thee, en de dame achter de bar zegt: 1,50 euro. En vervolgens wordt ieder kopje dat je neemt, geturfd.

In elke vreemde stad – elke dag weer een andere – waar je komt, is je enige huis het theater. Maar thuisgevoel is een illusie en zeer ver te zoeken. Om te beginnen is er geen gastvrijheid. Vele directeuren selecteren je op je bekendheid en je interessantheid. Afgelopen jaar heb ik drieënnegentig optredens gehad en bij die drieënnegentig zijn er maar zeven directeuren geweest die 'echt' waren als mens, en niet alles berekenden.

Verwacht ik te veel of is zeven van de drieënnegentig overdreven weinig?

Ik heb zelfs een keer meegemaakt dat de theaterdirecteur in de artiestenfoyer aan het slijmen was met de artiest van de grote zaal, en mij niet eens had begroet, terwijl ik ernaast zat. Ook maakte ik mee dat de grote artiesten van naam en faam wel een gratis kopje thee kregen en bloemen en hapjes na, maar dat de 'kleintjes' voor alles moesten betalen.

En bloemen? Die krijg je zelden in de kleine zaal. Terwijl juist de kleintjes die extra schouderklop nodig hebben. Juist als je aan het begin staat, heb je een extra steuntje nodig. Als je al groot bent en ze komen je dan vertroetelen, dan is mijn twijfel over de zuiverheid van de motivatie groot.

Dit jaar heb ik in zeer afwisselende zalen opgetreden, van klein tot groot. Wanneer ik in een grote zaal stond, keken de directeuren met grote ogen van: wie is in godsnaam Nilgün Yerli en hoe komt die zaal zo vol? Want zo is het ook nog eens, er zijn zelfs directeuren die alleen komen kijken als je in de grote zaal staat, en die zichzelf tien minuten voor aanvang komen voorstellen. Alsof dat op dat moment ertoe doet; je bent daar voor je publiek. Ja, dankzij het feit dat die directeur je heeft geboekt, mag je daar staan, maar een theater is uiteindelijk een theater omdat de artiesten er komen, en niet omdat een theater een directeur heeft, anders zou het niet eens een directeur nodig hebben.

Een collega zei laatst: 'Ik begrijp niet waar je je druk om maakt, het is toch goed zo? Ze boeken je en je treedt er op, wat kan jou het schelen dat je voor die paar kopjes betaalt en dat ze je niet groeten.'

Zo kun je denken. Maar de illusie van dat kleine meisje van zeven, over de beschaafde wereld van het theater, mag geen desillusie worden en daar wil ik voor zorgen.

En er komt ook nog bij dat ik met een heel grote vraag worstel: hoe zit het met fatsoen? Er bestaan scholen voor beroepen maar helaas geen scholen voor fatsoen. Dat zou er op scholen moeten komen, een nieuw vak: beschaving en fatsoen, en wat daaronder valt. Er zijn codes die over de hele wereld gelden. Eén daarvan is een godsgroet. Ik vind het-druk-hebben, moe-zijn, je-dag-niet-hebben, chagrijnig-zijn geen redenen tot niet groeten. Een communicatie begint immers met een blik en een knik.

Mijn moeder was idolaat van de klassieke films, waarin de man zijn zakdoek aan de vrouw gaf als ze huilde, of de deur openhield, haar jas vasthield. Als kind keek ik vaak met haar mee, steeds weer opnieuw. En nu mis ik én die films én de gedraguitingen in die films.

Heel kleine dingen van hoffelijkheid gebeuren tegenwoordig alleen wanneer de man je wil versieren, maar daarna houdt het op. Wanneer je het hebt over vroeger en hoffelijkheid, ben je ouderwets, zeker op mijn leeftijd, maar ik kan het niet helpen dat ik verlang naar een tijd die ik niet heb gekend.

Misschien is beschaving niet te leren, misschien krijg je het gewoon mee in je genen, maar we kunnen er toch naar streven. Of houden de status van het individu en het interessant vinden van groot, rijkdom, roem en macht, de beschaving tegen?

Herinneringen in de uitverkoop

Wanneer ik kijk naar het dak van mijn huis, zie ik een paar zwarte kraaien, ze vliegen kleine rondjes en komen weer terug op het dak, alsof ze de tijd voorbijvliegen.

Dat de tijd voorbijgaat en alles met zich meeneemt, is niets nieuws, en dat herinneringen het enige zijn wat overblijft aan verleden tijd, is ook al niet nieuw, en dat herinneringen even pijnlijk als mooi kunnen zijn, is al helemaal een cliché. Ik heb eigenlijk ook niets nieuws te melden over herinneringen. Enkel een verhaal over mijn verhuizing, dat vol herinneringen zit die ik niet meer echt kan analyseren.

In 1999 ben ik verhuisd naar mijn nieuwe huis, dat ik zou laten verbouwen. De aannemer had gepland dat de verbouwing drie tot zes maanden zou duren; dat schijnt normaal te zijn. Dat jaar heb ik al mijn spullen ingepakt, eerst in kranten gewikkeld en toen in dozen gestopt. Alles werd opgeslagen in een container.

De planning van de aannemer is anders uitgepakt: zijn drie tot zes maanden zijn uiteindelijk twee tot tweeënhalf jaar geworden. Het huis is nu pas af, na lekkages, ontploffing van de riolering, foute tegels leggen, eruit hakken en weer nieuwe leggen, open haard fout metselen en weer opnieuw, fout voegen tussen de tegels en ook dat weer opnieuw. Kortom, na alles dubbel doen is het dan nu eindelijk af. Binnenkort ga ik triomfantelijk met mijn dierbaren vieren dat het huis eindelijk af is.

Vorige week kwamen de dozen uit de container waarin ze al die jaren opgeslagen waren. Ik had ruim twee jaar zonder al die materie gedaan, ik had alleen het hoognodige, waarmee je ook op vakantie gaat. Eerlijk gezegd heb ik niets gemist, zelfs de televisie niet – behalve bij heel bijzondere gebeurtenissen, maar dan kon ik altijd nog naar vrienden om te kijken. Het enige wat ik echt heb gemist, was mijn keuken.

Nu pakte ik alles uit, ik rafelde uit de kranten van 1999 mijn spullen. Veel dingen die ik had ingepakt met weemoed en vol verlangen naar de dag dat ik ze weer uit zou pakken, gaven nu een raar gevoel. Ik was veranderd in twee jaar. De spullen raakten me anders, hadden een andere betekenis gekregen.

De herinneringen waren lang niet allemaal mooi, ze waren gebonden aan materie die mijn ziel niet meer raakte. Mijn gevoelsleven en belevingswereld waren in twee jaar heel anders geworden. Ik wist dat je met de tijd verandert, maar ik had niet gedacht dat het zo snel kon gaan. Ik kon nu makkelijker selecteren en afstand nemen, iets wat ik nooit echt heb gekund.

Ik ben niet het enige wat veranderd is, de hele wereld verandert dagelijks, misschien is dat wel het verraderlijke van het leven, maar tevens het spannende. Zelfs het nieuws is anders – nou weet ik dat het stom is dat op te merken, want ik weet heus wel dat als nieuws niet zou veranderen, het geen nieuws meer zou zijn, maar sommige dingen waren vergeleken met twee jaar eerder zo intens anders.

De antwoorden die we nu hebben, waren toen vragen, niet alleen over Srebrenica, maar ook over Osama bin Laden. Toen was hij een gezochte man om zijn kleine daden en als hij toen was gevonden, had hij het allergrootste niet kunnen doen.

Achteraf praten en denken heeft zelden tot nooit zin en meestal lees ik geen oude kranten, al helemaal niet van tweeënhalf jaar geleden, maar toen ik mijn spullen uitpakte, viel het me in het bijzonder op wat er toen aan nieuws was.

Sommige dingen blijven altijd hetzelfde, Israël en Palestina. Alhoewel, het leed is hetzelfde, maar het aantal doden, de ergernis, de hele escalatie is helaas nu feller en groter. En juist van dat soort dingen hoop je dat ze zouden verbeteren. Ik weet zo weinig van zoveel. De kranten weten veel, maar pure kennis is helaas geen oplossing gebleken.

Ik keek naar al mijn spullen die ik had uitgepakt. Het leek alsof mijn verleden nu in de uitverkoop lag, het was niet te koop en toch leek het op een uitverkoop.

Toen ik met een koffertje in Haarlem kwam wonen, wilde ik ooit een huis met spullen. Nu is die wens uitgekomen en verlang ik naar minimalisme in materie.

Mijn ongenoegen zit ook niet in de materie, denk ik, maar in een overladen maatschappij en in de politiek – al die vingertjes die maar naar elkaar wijzen en niemand die zegt: ja, ik heb het fout gedaan. Mijn ongenoegen betreft de tijd, die de maatschappelijke dingen mooier zou moeten maken, maar ze vaak toch onder een schaduw laat.

En wanneer ik deze column nu overlees, dan heb ik een ongenoegen over mijn column, die zo verveeld en zeurderig klinkt, terwijl dat ook niet de bedoeling was. Want ik voel me prima en ben zeker niet in een zeurderige bui. Integendeel, ik accepteer de dingen zoals ze zijn.

Het wordt lente en ik voel van alles krioelen in mijn middenrif. Mijn huis is af, en het allerbelangrijkste is: ik word binnen enkele dagen oma, van een koolmeesje. Voor het eerst in mijn leven heeft een vogel een nestje gebouwd in een boom in mijn tuin en haar eitjes gelegd. Ik bewaak het nest alsof het mijn eigen nest is, de kraaien liggen op de loer.

De tijd zal leren wie er zal overleven.

Het thuisgevoel

Het gevoel van een thuis moet haast wel het mooiste gevoel zijn, dat het verlangen naar veiligheid en geborgenheid voltooit. Of je nu alleen, met partner of met kinderen woont, het blijft een warm gevoel.

Nu mijn huis af is, is het een thuis. Dit thuisgevoel heb ik gevierd met ieder die me lief is.

Mijn vrienden uit het buitenland kwamen ook. En omdat ze er toch waren, bleven ze nog twee dagen extra om Koninginnedag te vieren. Ze hadden er wel van gehoord, maar het nog nooit meegemaakt.

Toen ik pas in Nederland was, viel mij van alles op, met veel vraagtekens en vooral vergelijkingen met mijn land van herkomst. Maar nu ik hier al tweeëntwintig jaar woon, merk ik dat veel dingen voor mij inmiddels ook een gewoonte en vanzelfsprekend zijn geworden. Pas wanneer vrienden en familie uit het buitenland komen, merk ik dat zij veel vragen hebben waar ik niet eens echt antwoorden op heb, of het antwoord als niet meer dan logisch ervaar.

Een vriendin van mij uit Istanboel vroeg of Beatrix nu jarig was. Nee, dat was Juliana. Maar de koningin is toch Beatrix? Ja, en Juliana is nu prinses? Ja. Waarom is het dan Koninginnedag? Het antwoord doet er niet meer toe, 30 april is gewoon een nationale feestdag die we aan Juliana hebben te danken, en zo is het gebleven. Maar zoiets uitleggen is toch lastig, want het antwoord blijft vaag.

Ik had een boot gehuurd om hun vanaf de grachten van Amsterdam de stad te laten zien. Wat voor mij inmiddels zo gewoon is, was voor hen wel honderden foto's waard. Een vriendin uit Istanboel bewonderde de kleur oranje, de mooiste kleur die bij dit grauwe land past, vond ze. Ik had nog nooit over die kleur nagedacht.

In Turkije is, net als in veel landen, elke soort drugs verboden. Dan valt me op dat, als vrienden hier zijn, ze het als een genot ervaren dat ze in een soort paradijs van het verbodene terecht zijn gekomen. De ene vriendin keurt het af, heeft een felle mening: 'Alles wat gemakkelijk te bereiken is, zet je juist aan het te doen.' De ander vond juist dat de spanning door deze ultieme vrijheid vertroebeld werd en dat de bijzonderheid eraf was. En beiden namen ze een trek. De een voelde van alles, de ander voelde totaal niets en vond de illusie van een joint fijner.

Op de boot werd ook accordeon gespeeld, allerlei Nederlandse liedjes. De man van een vriendin van mij is Nederlander en woont al vijfentwintig jaar in het buitenland, waarvan een groot gedeelte in Turkije. Hij en ik zongen de Nederlandse liedjes mee. Een vriend uit Frankrijk vroeg waar dit lied over ging. Ik vertaalde: 'Er staat een paard in de gang.' Oh ja, zei hij en glimlachte. Een paar minuten later vroeg hij weer, waar gaat dít lied over, en weer vertaalde ik: 'Er zaten twee motten in mijn oude jas' en de hele groep begon te lachen. Kunnen de Hollanders alleen maar zingen over dieren die ergens zitten?

Ik moest Nederland vaak verdedigen. Soms waren er momenten dat ik niets anders kon doen dan mijn mond houden. Als ze het over de bediening in dit land hadden, kon ik niet veel anders doen dan het beamen. De gelijkheid is hier zo doorgetrokken dat het lijkt alsof goede service wordt gezien als onderdanigheid. Terwijl een goede service iets is waar je trots op kunt zijn; dat je je gasten met een goed gevoel wegstuurt.

Tijdens het varen kwamen we langs een groot bord met Pim Fortuyn erop. In plaats van 'het rad van fortuin' heette het bord 'het gat van Fortuyn', met een onsmakelijke tekening erbij. Een vriend uit Turkije vroeg wat dat inhield en ik moest bij het begin beginnen, en eerst uitleggen wie Pim was. Hij zei: dit vind ik nou zo leuk aan Nederland, dat niemand ermee zit dat hij homo is, en gewoon op hem gaat stemmen. Ik zou geen enkel ander land weten waar de mensen dit ook zouden doen. Lijkt me een goeie peer, die Pim, zei mijn Turkse vriend, die zelf ook homo is.

Nee, zei mijn Nederlandse vriend, dat zie je fout. Je kunt wel iets met hem gemeen hebben vanwege jullie seksuele geaardheid, maar hij is toch wel heel raar als het gaat over vluchtelingen en vooral over moslims. En hij begon een mop te vertellen: Op een dag zitten Pim Fortuyn en Ad Melkert te dineren in de buurt van het Binnenhof. Een burger die ook in dat restaurant zit, loopt naar hen toe en vraagt, waar praten jullie eigenlijk over? Nou, zegt Pim, we zitten te overleggen over een Derde Wereldoorlog. Hoe willen jullie dat doen dan, vraagt de burger. Nou, zegt Pim, we willen eerst veertien miljoen moslims om zeep helpen en daarna één tandarts. Waarom één tandarts, vraagt de burger, waarop Pim Ad aankijkt en zegt: ik zei je toch dat geen hond zich druk maakt over die moslims.

En met al die achtergronden van mijn internationale vrienden heb ik een bijzondere Koninginnedag gevierd, veel uitgelegd, minder begrepen, maar toch een bijzondere dag beleefd. Ik kwam laat thuis na een koude, regenachtige Koninginnedag. Ik zag een veldmuisje lopen in mijn huis. Die moet naar binnen zijn gegaan door het raam dat open-stond. Ik hield de voordeur open en hij rende naar buiten, wellicht ook op zoek naar een thuis!

Wat nu, na 6 mei?

Wat nu? Gaan we af als land? Gaan we af als mens? Gaan we af als democratische staat? Ja, we gaan af, we gaan hartstikke af. Maar het is niet mijn schuld, en ook niet die van u, en ook niet van de ander. Het is de schuld van die tweeendertigjarige Nederlandse, blanke man.

Is dat eigenlijk wel zo?

Is die man niet gekweekt door de media, is hij niet vervuld van haat door alles wat Fortuyn zei, uit te vergroten? Hebben we niet met zijn allen die man eerst tot een held gemaakt? Had hij niet een vorm van bescherming nodig gehad, had de regering hem niet een persoonlijke lijfwacht moeten bieden?

Allemaal vragen, waarvan de antwoorden er toch niet meer toe doen. Iemand is vermoord en een moord is nooit goed te praten of eenvoudig uit te leggen. En wanneer die iemand een persoon is die om zijn idealen zijn leven is ontnomen, dan gaat de kogel niet alleen door hem heen, maar door ieder individu met idealen. Eén van die idealen is dat we onze mening moeten kunnen uiten. Men hoeft het niet eens te zijn, men mag in discussie gaan, men mag die persoon totaal niet mogen, maar men mag nimmer met kogels toeslaan. Een theorie die klopt als een bus. Maar de werkelijkheid is anders.

Toen ik het nieuws hoorde, was ik bezig met het repeteren van een sketch die ik maandagavond zou spelen voor *Nova* in Den Haag. Die sketch ging onder meer over Fortuyn. Tijdens de repetitie belde iemand van de redactie met de mededeling dat Fortuyn volgens de peilingen op achtendertig zetels zat en daarmee wel eens premier kon worden, en of ik het bbc-interview van John Simpson met hem al had gezien, want dat kon ik ook nog verwerken in mijn sketch. We gingen verder met de repetitie. Om zes uur werd ik weer gebeld door *Nova*, met de mededeling dat Fortuyn was neergeschoten en zwaargewond was.

Van alles gaat er door je heen, zelfs het schuldgevoel dat je hem net, tien minuten geleden, in je sketch hebt verwerkt, het gevoel van paniek dat toeslaat, het niet weten wat te doen. En vooral de vraag: zou het een buitenlander zijn of iemand van een fundamentalistische beweging?

Het eerste wat je doet is de televisie aanzetten en het nieuws volgen, al wordt het uitentreuren herhaald en meldt het de onzinnigste dingen, je blijft kijken, met de hoop op informatie die je een antwoord kan geven. Maar niets blijkt een antwoord te zijn, je blijft zitten met één feit en dat is dat iemand op gruwelijke wijze is vermoord.

Wie het heeft gedaan en vooral waarom blijven de grootste vragen. Mijn paniek om de mogelijkheid dat de moordenaar een buitenlander is, was pas weg toen ik gisteren de krant las: een extreem links persoon, nota bene een milieu-activist. Goddank geen buitenlander, want dan zouden de gevolgen heel zwaar kunnen zijn voor de samenleving. Toen de rellen in Den Haag begonnen, hoorde ik mijn buren zeggen: 'Als het een buitenlander is, kon het wel eens tot een bijna-burgeroorlog tussen buitenlanders en Nederlanders komen.'

Zelfs mijn tante belde geschokt uit Turkije dat ik moest oppassen als het een buitenlander was geweest die geschoten had; ze adviseerde me zelfs dat ik dan voorlopig even niet moest optreden, want dan zouden Nederlanders wel eens wraak kunnen nemen en mij vermoorden.

Het ging mij te ver allemaal. Als iedereen maar wraak gaat nemen en als iedereen elkaar maar afschiet omdat de ander afwijkt van de rest, dan is het leven sowieso zo zuur dat ik niet eens meer hóéf te leven. De enige manier van leven is leven zonder angsten, en wat mij betreft betekent dat ook een angstloze dood.

Niets is nog terug te draaien. Fortuyn heeft de dood niet verdiend, niemand overigens. Zijn werk wordt voortgezet door zijn partijleden, ik heb geen idee wie dat zijn. Ik denk wel dat veel mensen die straks nog op zijn partij stemmen, dat zullen doen omdat ze denken Fortuyn daarmee een dienst te bewijzen. Ze stemmen op zijn idealen. Uiteindelijk zijn wij mensen allen sterfelijk, maar idealen zullen altijd voortleven. Hoe vaak ik het ook niet eens was met zijn idealen, goddank kunnen ze niemand ontnomen worden, maar het is wel belangrijk dat idealen in goede handen terechtkomen, zodat de realisatie ervan in goede banen geleid kan worden.

De moord op Fortuyn slaat een deuk in je veiligheidsgevoel, remt je in het uiten van je mening, je idealen. De dader moet wel erg verloren staan in het leven; het is pijnlijk dat hij als milieuactivist, dus iemand met idealen, niet beseft dat hij ook respect moet tonen voor die van anderen.

Op 4 mei herdenken we en op 5 mei vieren we onze vrijheid, onder andere die van meningsuiting. Niemand had kunnen voorzien dat Fortuyns eerlijke manier van meningsuiting, ook al botste hij met velen, hem het leven zou kosten op 6 mei.

Hoe belangrijk is de hele afgang van de verkiezingen nog? Helemaal niet! Maar wel dat we er wat van leren. Een moord husselt alles door elkaar; het is alsof je in een windmolen zit die maar doordraait. Er is geen weg terug, maar op de weg naar morgen zijn we verplicht het anders te doen dan gisteren.

Kiezen met kiespijn

Toen ik voor het eerst in Nederland kwam en voor het eerst naar de bakker ging met mijn moeder, wisten we niet wat we zagen, er waren wel dertig soorten brood, vier granen, tien granen, meer granen. Ze dacht: mijn god, wat sneu voor die mensen, ze moeten elke dag een keuze maken uit hun dagelijks brood.

Mijn vader gaf dan een logisch antwoord: 'Of je hebt ze allemaal al een keer geproefd en geprobeerd en uiteindelijk een keuze gemaakt en voor die ene ga je dan elke dag.'

'Net als een keuze voor de levenspartner,' zei mijn moeder dan. 'Ja, maar dan anders, die wissel je niet zo gauw,' gaf hij dan als antwoord.

In Turkije had je maar twee soorten brood, *pide* en *somun*, en die wisselde je dagelijks af. Een minnares en een thuishaven noemde mijn vader dat.

Al heel gauw werd ik ervan bewust gemaakt door mijn moeder hoe belangrijk keuzes maken was. Wees nooit eentje die twijfelt en weifelt, aan een wispelturig iemand heeft niemand wat, terwijl mijn vader het voorbeeld gaf geen keuze te maken, maar gewoon alles tegelijkertijd te nemen.

Op mijn vijfde moest ik al kiezen tussen de grootte van mijn liefde voor mijn moeder en de grootte van die voor mijn vader. Mijn tante vroeg altijd: 'Van wie hou je het meest: van je vader of je moeder?'

Je bent vijf, staat in het leven maar te staan zonder het nut ervan in te zien en dan moet je plotseling kiezen van wie je het meeste houdt. 'Ik hou van hen allebei,' zei ik dan.

'Nee, er is één van wie je het meest houdt.' Nou, dat was niet zo, of toch wel, ja: stiekem hield ik meer van mijn moeder dan van mijn vader, maar dat kon ik toch niet eerlijk zeggen, dat was toch zielig voor mijn vader? Instinctief zit er een soort medelijden in voor de zwakke, het afgestotene.

Die eeuwige keuzes bleven maar doorgaan, van de piepkleinste tot overdreven grote dingen. Wat zullen we eten vandaag, dat was überhaupt al een dagelijkse vraag in ons huis. Uiteindelijk ervaar je het kunnen kiezen van eten als rijkdom, maar als kind werd ik moe van deze dagelijkse vraag. En voordat ik het wist, stond ik zelf in de keuken en vroeg ik mijn vriend: 'Wat zullen we eten vandaag?'

De keuzes werden groter, meer en vooral belangrijker. Wat begon met dat het er niet zoveel toe deed, werd plotseling een keuze van belang, vol verantwoordelijkheid voor jezelf en de ander.

Toen ik tien was, in 1979, was er in Turkije een grote strijd tussen links en rechts. Mijn oom was rechts en mijn vader links. Daarmee dus ook het gezin; het gezinshoofd bepaalde uiteindelijk in welke richting je ging denken. Ik als kind begreep überhaupt niets van links en rechts; ik had net geleerd wat een linkse en rechtse richting was en dat viel me al zwaar. Toen al kon men aan mij zien dat ik geen richtinggevoel had, en dat is altijd zo gebleven.

Mijn nichtje van negen en ik van tien ruzieden nogal wat af om links en rechts, zonder enig benul van waar we het over hadden. Aan tafel hoorde ik mijn vader vaak geërgerd over mijn oom praten. 'Kapitalisten zijn het', was bijna altijd zijn slotzin.

Kapitalisten, wat waren dat in godsnaam? Het was vast iets heel slechts, want mijn vader zei dat altijd op boze toon.

Heel gauw dat jaar braken rellen uit, grote rellen tussen links en rechts, de studenten, arbeiders, zelfs huisvrouwen demonstreerden; als kind sta je erbij en kijk je ernaar, maar waar ging dit allemaal over?

Op een dag, op weg van huis naar school, werd ik aangehouden door een groep jongens. Ze hielden mijn arm vast en vroegen op vastberaden toon: 'Voor wie ben je, voor links of voor rechts?' Ik begon te huilen en zei: 'Ik ben voor Galatasaray.' En ik mocht doorlopen.

Met de verkiezingen in Turkije had ik het raarste gevoel: dan kwamen mijn ouders thuis met zwarte vingers. Die inkt bleef dagen aan hun vinger. Het hele land liep overigens in de dagen van verkiezingen met zwarte vingers; een toerist moet dat als raar ervaren hebben, zelfs ik vond het raar. De inkt aan de vinger gaf aan dat je had gekozen en dat je dat niet wéér kon doen; je werd als het ware gemerkt.

Als mijn ouders thuiskwamen, zeiden ze: 'Als links maar wint.' Dezelfde zin werd gezegd bij mijn nichtje thuis, maar dan over rechts. En wij als kinderen waren dan doodsbang dat we uit elkaar moesten.

Uiteindelijk gingen we uit elkaar, want we emigreerden in 1980 naar Nederland, het land van vrijheid, het land waar het er niet toe deed of je links of rechts was, er was democratie in de ruimste zin des woords.

Tot voor kort. Wat een vertoning van links en rechts, en wat een dwaling. Medeleven kan je de mond snoeren, maar alles gaat toch door. Als de politici zwijgen, wie praat er dan nog?

Heb ik inmiddels de richting gevonden? Ja, ik ben voor links. Maakt de richting nog uit waar je heen loopt? Ja, het maakt heel veel uit, uiteindelijk ben je pas daar waar je heen gaat. Verdwaal ik wel eens? Constant, op weg, in mijn gevoel en vooral bij het kiezen. Ik verlang vaak naar dat kleine meisje dat alleen maar hoefde te kiezen van wie ze het meeste hield.

Ditjes en datjes

'Is er nou nooit een week dat je echt niet weet wat je moet schrijven?' vraagt mijn pianist Wim mij nieuwsgierig. 'Zelden,' zeg ik. 'Maar er zijn wel eens momenten dat ik me afvraag: waar zal ik het nu nog over hebben, alles is toch al gezegd en geschreven, zeker na mijn columns "Wat nu na 6 mei" en "Kiezen met kiespijn".'

'Ga je het weer daarover hebben?'

'Nee, ik heb even geen zin meer in politiek, even niet.'

'Maar als columnist mag je toch niet je ogen sluiten?'

'Nee, niet je ogen en al helemaal niet je verstand, maar je gevoel mag best op vakantie.'

'Waar ga je het dan over hebben?'

'Ditjes en datjes.'

'Zo heet de krant van Dirk van den Broek.'

'Wie is dat?' vraag ik verbaasd.

'Een soort Albert Heijn, alleen veel goedkoper, maar het verbaast me niets dat jij die niet kent.'

'Volgens mij is Dirk van den Broek de buurman van vrienden van mij.'

'Misschien is dat wel de echte eigenaar van de supermarktketen, of gewoon een naamgenoot.'

'Ach, wat maakt het uit. Hoe komen we in godsnaam op dit onderwerp?'

'Nou, door jouw titel "Ditjes en datjes".'

'Ooh, ja.'

'Wat kan Nederlands toch mooi zijn, er is geen taal waarbij ik de woorden ditjes en datjes zo zou voelen als in het Nederlands. Ach, wat hou ik van deze taal en dit land.'

'En je eigen taal dan?'

'Om eerlijk te zijn is Nederlands na tweeëntwintig jaar

meer mijn eigen taal. Ondanks dat ik Turks net zo goed beheers, gaat Nederlands mij toch sneller en makkelijker af.'

'Waarom ga je daar niet een column over schrijven?' vraagt Wim.

'Dat heb ik al zo vaak gedaan, ik heb even geen zin om over cultuurverschillen, politiek, dilemma's in het leven en al dat soort dingen te schrijven. Ik kreeg laatst van Hans Dulfer de opmerking dat ik zo ongelofelijk serieus ben; hij vroeg zich af of ik niet wat lichter kon zijn. Ik ben zwaar op dieet, dus een beetje lichtvoetigheid kan ik best gebruiken.'

'Alleen omdat Hans dat heeft gezegd?' vraagt Wim.

'Nee, omdat ik er zelf ook even geen zin in heb. Ik weet het al, ik ga het hebben over het vogelnestje in mijn tuin, de eitjes die er een paar weken geleden in lagen zijn uitgekomen en vandaag hadden de babyvogeltjes hun eerste vliegles. Het was echt te bijzonder om het te zien: dan komt zo'n babyvogel uit het nestje en mama duwt ze met de snavel omhoog, alsof ze de balans in hun leven aangeeft.'

'Nil, als je over die vogeltjes gaat schrijven, ga je er dan weer een moraal aan toevoegen?'

'Waarom vraag je dat op zo'n toon?'

'Nou, omdat je dat altijd doet.'

'Maar alles in het leven behoeft toch een moraal, anders is het zo oppervlakkig.'

'Ja, maar wat mij betreft mogen vogeltjes die op vliegles gaan best zonder moraal eindigen.'

'Juist in vogeltjes die op vliegles gaan zit moraal, als ik die eruit laat, kan ik net zo goed niet over ze schrijven.'

'Nou, dan moet je dat misschien inderdaad maar niet doen.'

'Dan ga ik het hebben over mijn bezoek vorige week bij een vriend. Het was zo bijzonder.'

'Bij jou is alles óf bijzonder, óf vreselijk. Heb je eigenlijk wel een tussenweg?'

'Ja, maar op tussenwegen verdwaal ik het meest, dus die probeer ik te mijden.'

'Ach, zo'n ramp is verdwalen toch niet?'

'Niet echt, tenzij het verdwalen je kwetst en dat gebeurt wel eens.'

'Wanneer?'

'Wanneer je aan een onbeantwoorde liefde toch een vraag stelt.'

'Ja ja,' zegt Wim met een kromme wenkbrauw. 'Wat was er nou zo bijzonder dat je het wilde vertellen?'

'Ik kwam dus bij deze vriend en hij vroeg of ik koffie wilde drinken. Ja, dat wilde ik, en toen vroeg hij of ik er melk in had. Ja, dat ook, en toen vroeg hij of ik er ópge-klopte melk in wilde.'

'Drie vragen voor een kopje koffie?'

'Ja, maar het geeft alleen maar aan hoe gastvrij hij is. Ik wilde niet dat hij veel moeite deed, dus ik zei: "Nee, doe geen moeite, gewoon koffiemelk is ook goed." "En als ik nou zelf ook opgeklopte melk neem?" vroeg hij. "Ja, dan neem ik ook." Hij ging de melk opkloppen, gaf mij een kopje koffie en nam zelf thee. Ik vond het zo'n intens mooi gebaar, ik realiseerde mij dat ik inmiddels gewend ben niet te bezwaarlijk te zijn als gast, hoe je je in Nederland in-houdt. Ik deed precies hetzelfde als mijn gasten bij mij de-den. Als ik ze vroeg: "Wil je een kopje soep?" dan was het antwoord bijna altijd: "Doe geen moeite, een kopje thee is genoeg." '

'Ja, maar als je daarover gaat schrijven, dan kom je waar-schijnlijk weer met een moraal.'

'Ja, ongetwijfeld. Maar wat ik ook kan doen, is dit hele gesprek opschrijven en dan kom ik automatisch uit op dit-jes en datjes zonder moraal, zoals jij wilt.'

Het zou een film- of boektitel kunnen zijn, maar het is het niet. Het is gewoon echt 'Mijn leven op de A9'. Dit jaar heb ik die weg ongeveer 289 keer gereden, en wanneer ik het precieze aantal schrijf, klopt het woord 'ongeveer' niet meer, maar goed: dan kunnen er weer heel veel mensen reageren, om dit Turkse meisje eens op haar taalfouten te corrigeren en te vertellen hoe de Nederlandse taal nou echt is.

Ik heb zoveel e-mails ontvangen over mijn column van vorige week, over de woorden 'ditjes en datjes' en hoe ik die voel, er zijn zelfs mensen geweest die mij de woorden zijn gaan uitleggen alsof ik pas een week in Nederland woon. Dan moet ik mezelf heel gauw uitleggen dat het o zo goed bedoeld is en volgens mijn pianist moet ik al blij zijn dat mensen überhaupt de moeite nemen naar mij te schrijven. Dat ben ik ook heus wel, maar mag ik dan toch af en toe een beetje moe zijn van mensen die constant de behoefte hebben mij alles uit te leggen?

Ik ben zeer nieuwsgierig van aard, ik wil alles begrijpen, maar om nou een uitleg te krijgen over de woorden ditjes en datjes, die echt nergens over gaat, dat gaat mij te ver.

Terug naar mijn leven op de A9, de weg die ergens naartoe gaat. Nou is dat met alle wegen zo, tenzij ze doodlopend zijn, maar dan verwijst het woord 'doodlopend' er al naar. Bestonden er in het gevoelsleven ook maar van die borden, dan kwam je nog eens ergens, of juist nergens.

Als ik op de weg ben en om me heen kijk, dan lijkt het alsof we met zijn allen verdwaald zijn en massaal naar de psychiater moeten, mochten die bestaan en echt effectief zijn voor zoveel patiënten. Ongelooflijk: er staat een bord

'Vanaf hier ritsen', maar men geeft je gewoon geen ruimte om te ritsen, waardoor je wel verder móét rijden, en áls je verder rijdt, dan zijn mensen geïrriteerd dat je zo ver bent doorgereden en niet eerder hebt geritst.

Iemand roept uit het raam: 'Hé, alles kits achter de rits?' en wijst naar zijn kruis. Al was je geen patiënt, zo word je dus automatisch wel een geestelijk zieke.

Wat bezielt iedereen toch?

Volgens mijn buurman, die echt niet racistisch of discriminerend is naar eigen bewering, zouden de files voorbij zijn als alle allochtonen of vrouwen, en het liefst beide groepen, van de weg af zouden zijn. 'Als die nou eens gaan liften, of gewoon de trein nemen, dan is het al een stuk rustiger.'

Hij durft het in ieder geval te zeggen, onder het motto dat je tegenwoordig alles mag zeggen, weg met de politieke correctheid. Prima, in grote lijnen mee eens, maar hoe zit het dan met de beschaving en het fatsoen en de gedachte dat je een ander niet moet vernederen, los van het discrimineren?

Niet alleen de bestuurders van de auto's doen raar, maar de hele maatschappij is raar aan het doen. Maar ja, de bestuurders vormen natuurlijk een deel van de maatschappij waarin we leven.

Langs de weg, op weg naar een voorstelling in Oss, zie ik een groot bord staan met de tekst: 'Ik wacht al zeventien jaar op vergoeding door de verzekering in Tilburg van mijn brandschade, Glashelder.' De persoon die dat bord heeft neergezet, moet wel heel erg boos zijn om dit te doen en zijn boosheid kan ik me voorstellen als je na zeventien jaar nog niets uitbetaald hebt gekregen, maar in hoeverre hij in zijn recht staat, is onbekend.

Elders staat een bord 'Appels te koop', wat me weer op het goede spoor brengt, het spoor van de natuur waar we in zullen eindigen.

Ik verlang naar een Nederland dat ik niet heb gekend, ik verlang naar de tijd van de zandweggetjes, een Nederland met paardenkoetsen.

'Een onbenullig verlangen' noemt een vriend het. 'Verlang eens naar iets wat je kunt bereiken.' En dan baal ik dat dit verlangen inderdaad nooit vervuld zal worden, omdat we noch de tijd, noch het geduld daarvoor hebben. Misschien komen al die frustraties daar wel vandaan: een tekort aan tijd, geduld en vooral begrip.

Ik vraag me af hoe Pim Fortuyn en Bart de Graaff nu van bovenaf naar dit alles kijken. Misschien zijn ze wel blij dat ze uit deze hel verdwenen zijn en hebben ze het in de hemel leuk. Hoewel ik me afvraag of Pim het wel leuk zal vinden in de hemel; hij zal zich suf vervelen, of meteen al begonnen zijn met God te discussiëren over dat die hemel te stoffig is en niet deugt. En met die engeltjes zal hij ook niet echt gelukkig zijn. Hij zal niet echt last hebben van een volle hemel, of misschien ook wel, maar daar verzint hij vast wel wat op. En Bart zal dan helemaal in een deuk liggen, zoals alleen hij dat kon.

Aan alles komt een eind, zelfs aan je adem, maar een weg gaat altijd maar door, en als hij stopt, dan mondt hij toch uit in een andere weg, zodat er toch geen einde komt.

Af is af, vol is vol

Het Turkse 'Af' betekent vergiffenis: daad van vergeven, kwijtschelding van straf. En eens in de zoveel tijd doet de Turkse regering dat voor vele gevangenen. Behalve voor politieke gevangenen, die hebben geen recht op vergiffenis. De amnestiewet heet in het Turks 'Af' en die wordt vooral afgekondigd omdat de gevangenissen overvol zijn.

Ik kwam helaas heel vroeg in mijn leven in aanraking met termen als gevangenis, 'Af', politieke gevangenen. Toen ik vijf jaar was, werd mijn broer opgepakt. Op een nacht liep hij met zijn vriend in een park in Turkije en hoorden ze een meisje gillen. Ze liepen op het gegil af en zagen dat het meisje verkracht werd. Ze hebben de man in elkaar geslagen. Tijdens het slaan verloor mijn broer zijn identiteitskaart; die nacht nog is hij bij ons thuis opgehaald door de politie. Het bleek dat de man die ze in elkaar hadden geslagen, een generaal was en een generaal doet zoiets niet, die verkracht geen meisjes. Maar twee burgerjongens beroven wel een edele generaal van zijn leven. Daar werd het op gegooid: mijn broer en zijn vriend wilden hem beroven en daarna vermoorden, maar dat was ze niet gelukt, volgens het verhaal van de generaal. Tien jaar cel kreeg mijn broer. 'Corrupte honden,' schreeuwde hij tijdens de zitting. Dat was een belediging van het hof en hij kreeg er drie jaar bij. En zo sloeg de hamer zijn leven de hel in.

Elk jaar dat voorbijging, smeekte mijn moeder God dat hij vrij zou komen op basis van 'Af', de amnestiewet. Maar die gold niet voor politieke gevangenen en omdat er een generaal mee gemoeid was, was het een politieke misdaad. Ik was vijf jaar en vol verdriet en onbegrip over de schaduw die dit incident over onze familie wierp.

Een klasgenoot had een neef die een dienstmeisje had vermoord toen hij haar betrapte op het stelen van zijn vaders horloge. Hij kreeg acht jaar en kwam na een jaar weer vrij door 'Af'. En dat begreep ik niet. Mijn broer redde een meisje en kreeg dertien jaar en mocht er niet uit, en een moordenaar wel. Hoe dan ook, een moordenaar blijft een moordenaar, hoe konden ze dat zomaar vergeven. Iemands leven nemen, op de zetel van de machtige natuur zitten, daar had toch niemand recht op.

Natuurlijk geloof ik wel dat in ieder van ons een moordenaar zit. Het idee dat iemand mijn dochter zou verkrachten, prikkelt al mijn gewelddadige zintuigen om zo iemand het leven te ontnemen, maar gelukkig hebben we meerdere zintuigen en vooral ook hersenen om dat soort prikkels tegen te houden en de straf over te laten aan de wetten die er zijn. Maar als je niet eens kunt vertrouwen op wetten?

Hoe ontwikkeld Turkije ook is, hoe democratisch ook, er is altijd een soort angst voor de overheid, een soort onmacht tegenover de allergrootste macht. De militaire overheid heet in Turkije *Devlet*, wat letterlijk 'reusheid' betekent.

Misschien helpt Europa Turkije indirect door het land niet toe te laten tot de EU om te laten zien dat alles niet zomaar kan. Ik ben blij dat Nederland nu grote heisa maakt om Hakan K., de verkrachter. Daardoor kunnen ze in Turkije tenminste extra nadenken over wetten die niet kloppen. Want ondanks de democratie is het het Turkse volk verboden kritiek te leveren op het systeem. Maar Europa mag dat wel.

De angst voor de overheid en de onmacht zitten zo diep, dat – ondanks dat ik al tweeëntwintig jaar in Nederland woon – toen ik vorig jaar bij het staatsbanket in het Paleis op de Dam uitgenodigd was door de koningin ter ere van de komst van de Turkse president, ik bang was hem een hand te geven. Gebaseerd op niets, want juist deze president was een tolerante, minder strenge en sympathieke man. Nog geen paar jaar geleden zelfs kon de politie in Turkije je meenemen naar het bureau en kon je daar verkracht worden door een agent, als hij er zin in had. Dan kon je procederen wat je wilde, maar het kwaad was geschied.

En dan doet het me pijn als ik, met deze gegevens, met dit verleden en met die mening, een mail ontvang met de tekst: 'Heb je nu je zin, jullie Turken blijven barbaren. Vind je zeker wel leuk hè, dat die Hakan weer vrij rondloopt. Lekker wraak nemen op de Nederlanders.'

Ach, wat word ik er moe van. Dat is ook het enige wat ik ervan wil worden. Ik wil niet verbitterd raken en mijn hoop veranderd zien in wanhoop, mijn glimlach inleveren voor een chagrijnig hoofd, mijn zoetheid vermengen met bitterheid. Nee, alleen moe worden sta ik toe.

En natuurlijk weet ik dat dit maar één persoon is die niet kan nadenken. Iemand die mij misschien wel neerschiet als hij mij tegenkomt. Niet omdat ík dat ben, maar omdat zijn ellende uit zoveel andere componenten bestaat die hij op mij projecteert. Bizar en bitter is het zeker, maar ik wil blijven geloven in de liefde. En dat er een contrast is met de liefde, maakt de liefde spannend. Dat er gekken bestaan, zorgt er weer voor dat je de slimmen herkent.

Maar voor een Hakan K. mag niemand mij of welke Turk dan ook aankijken. Het Turkse volk kan niets doen aan de beslissing van de overmachtige reusheid. Mijn mening is en blijft dat uiteindelijk je straf als verkrachter en moordenaar pas 'Af' is als je je straf echt hebt uitgezeten!

In maart kocht ik bij Intratuin twee kersenbomen: slanke, lange bomen met roze bloesem en een kaartje eraan met de groeiperiode en de vermelding van de naam: 'kersenbloesem'. Ik plantte deze twee bomen in mijn tuin en tijdens het planten sprak ik met mijn opa en oma.

Dat deed ik hardop. Een passante moet gedacht hebben dat ik gek ben; is ook niet raar – want iemand die met twee bomen staat te praten, kan ook niet echt goed bij haar hoofd zijn.

Het maakte ook niet echt uit wat een passante zou denken, want ik was iets heel essentieels aan het bespreken met deze twee bomen. De allereerste kersenboom die ik ooit had gezien, was in de tuin van mijn opa en oma. Ik was vijf jaar oud en leerde erin klimmen; die boom werd mijn grootste vriend.

Toen ik op mijn tiende voor het eerst naar Nederland kwam, had ik een houten pop bij me, gesneden door mijn opa uit een tak van de kersenboom uit hun grote tuin.

Toen ik de bomen aan het planten was, zag ik mijn hele jeugd voorbijgaan: de kersenbomen, mijn opa en oma. Ik vertelde hun – ik geloof in de spirituele aanwezigheid van de overledenen – dat deze twee bomen voor hen bedoeld waren, zodat ze altijd konden landen als ze voorbijvlogen. Klinkt op deze manier heel merkwaardig, alsof er inderdaad een dakpan bij mij loszit, maar zo is het niet echt. Ik had er ook plezier in toen ik dit alles besprak en hen in mijn hoofd bijna werkelijk geland op die twee bomen voor me zag.

Welnu, drie maanden later kwamen die bomen in bloei. Ik was blij dat er ook nog eens kersen aan begonnen te groeien en bedankte mijn oma en opa voor het verzorgen van de bomen. Ik weet ook wel dat niet zij dat gedaan hebben, dat het het werk is van de natuur, van moeder aarde – maar de illusie gaf me een goed gevoel.

Afgelopen week ontdekte ik dat wat eerst kleine besjes waren, helemaal geen kersen werden, maar gewoon rode pruimen. De bomen waarvan ik dacht dat het kersenbomen waren, bleken pruimenbomen.

Het komt wel vaker voor dat iets niet is wat je dacht dat het was. Dat is ook wel vaker een desillusie. Maar als je een boom koopt als kersenboom, mag je toch echt verwachten dat het ook daadwerkelijk een kersenboom is, en het is dan een enorme teleurstelling als het een pruimenboom blijkt te zijn. Het is zoiets als tomatensap drinken terwijl je dacht dat het jus d'orange was...

En ik heb dus al die tijd tegen mijn oma en opa staan te praten over een kersenboom; wat moeten die daarboven gelachen hebben om mij.

Waarschijnlijk waren de bomen bij Intratuin verkeerd gelabeld; is me daar nog nooit overkomen.

Afgelopen vrijdag was ik in Antwerpen voor een Belgisch programma, *De Lage Landen*. Een programma vol vergelijkingen van Nederland en België. Terwijl alles op elkaar lijkt van deze twee lage landen, is het toch totaal anders. Dat wist ik een beetje, maar niet dat het verschil zo enorm groot was.

Als ik alleen al kijk hoe de media daar met een gast omgaan en hoe men dat in Nederland doet, sta ik er al enorm van te kijken. In Nederland verdwaal ik al wanneer ik in het gebouw kom, daarna wordt er heel soms een bolletje kaas aangeboden en een kopje koffie of thee of fris. Komt dit door zuinigheid? Nee, niet zuinigheid met geld, maar wel zuinigheid met gastvrijheid.

Hoe komt het dan toch dat een land als België, anderhalf uur verderop, de gastvrijheid zo serieus neemt en zo subtiel en beschaafd is, terwijl hier vaak alles wat botter en stijver gaat?

Je zou bijna denken dat de integratie van buitenlanders daar gemakkelijker gaat omdat de gastvrijheid er groter is.

En daar heb ik me in vergist. Wat dat betreft is Nederland zoveel verder – alleen al de kunstenaarswereld en de televisiewereld. Er is veel meer kleur in de media en er is veel meer openheid tegenover elkaar. Een voorstelling van mij over vooroordelen valt daar heel hard, terwijl die hier braaf is. Wellicht doordat de mensen daar zachtmoediger zijn.

Een Belgische dame die bij de redactie van het programma werkt, corrigeerde me. 'Ik weet niet of het echt met zachtmoedigheid te maken heeft. Ik vind het veel prettiger om met Nederlanders te werken. Bij hen weet je tenminste wat je aan ze hebt.'

'Maar vind je dat niet hard?' vroeg ik haar.

'Nee, totaal niet. Hier is iedereen aardig, maar je weet nooit of het echt is.'

Ik weet eigenlijk niet echt wat ik nou het liefst heb: dat de mensen gewoon aardig zijn ook al menen ze het niet, of dat men gewoon maar alles mag zeggen – ook als dat niet te pruimen valt – in naam der eerlijkheid?

Een echte kersenboom of een pruimenboom waarvan je denkt dat het een kersenboom is...

Pluk het geluk

De dag dat Turkije van China won, was ik in Turkije. De Turkse overwinning werd gevierd als een duizend-en-één-nachtfeest. Het leek alsof iedereen plotseling alle ellende van de economische crisis was vergeten. Ik had nooit meegemaakt dat Turkije zó op zijn kop stond. Nu was het de eerste keer dat ik in Turkije was tijdens zo'n nationale gebeurtenis, maar ik denk dat het land zelf dit niet eerder heeft meegemaakt. Het is per slot van rekening de eerste keer dat Turkije zo ver is gekomen bij het wereldkampioenschap voetbal.

De nacht dat Turkije van China won, scheen de ster midden in de maan, waardoor er in de Turkse kranten de volgende ochtend stond dat zelfs God het ermee eens was en dat Hij dat bekroonde met hetzelfde teken als in de Turkse vlag staat.

Maar voor velen was het gewoon een natuurverschijnsel dat elke maand plaatsvindt en niets te maken heeft met God en Zijn gedachten over het voetbal – daar sluit ik mij volledig bij aan, overigens.

Doordat de Turken wonnen, gingen ze naar de achtste finales en moesten ze tegen Japan spelen. Een Turkse vriend van mij is in Japan voor zaken en gisteren belde hij dat sinds de overwinning van Turkije hij heel anders door zijn Japanse klanten wordt bejegend. Wat natuurlijk raar is, het voetbalspel wordt uit zijn proporties gehaald, waardoor het begint te lijken op een soort machtsstrijd tussen landen.

Ik werd zelfs gebeld door een radioprogramma met de vraag of Nederland nu toch ook een beetje meedeed en of we blij konden zijn voor de medelanders, in dit geval Turken. Wat een vraag. Heel goed bedoeld, maar zo nutteloos. Ik denk niet dat een gemiddelde Nederlander net zo blij is voor Turkije als hij dat geweest zou zijn voor Nederland. Wat ook logisch is.

Sommige vrienden van me hebben me gebeld en gemaild om me te feliciteren. Sommige zijn blij voor Turkije, andere interesseert het totaal niet en dat hoeft ook niet. Alsof voetbal alles is. Voor sommigen natuurlijk wel, maar om eerlijk te zijn: hoe leuk ik het ook vind voor Turkije – wetende dat Turkije dit niet alleen als een voetbalwedstrijd ziet, maar het meer ervaart als een soort erkenning ten overstaan van de gehele wereld én gezien de economische crisis die het land teistert deze overwinning als een soort morele steun voor het volk voelt – ik merk desondanks dat het raar is als je hoort dat er weer zoveel doden zijn gevallen in Israël of in Palestina. Daardoor kun je geen echte feeststemming hebben.

Dat de imams aangepakt moeten worden wegens hun uitlatingen, ondersteun ik. Uiteindelijk is elk geloof dat haat voor een ander geloof bij mensen oproept, geen echt geloof, maar gewoon een politieke uiting van macht, macht en nog eens macht. In de koran staat beschreven juist alle geloven te eerbiedigen, daar het allemaal eindigt in één God.

Wanneer ik hoor dat in de Tweede Kamer kreten als 'Pim zou dat zo gewild hebben' regelmatig klinken, krommen mijn tenen van ongeloof. Ik kreeg in Turkije de vraag gesteld hoe zo'n nuchter land als Nederland op zo'n emotionele manier een tweede Jezus kan creëren. Waarop ik als antwoord denk te hebben dat het misschien juist komt doordat men zo ontwricht is, doordat men zoveel normen en waarden kwijt is en dat men gewoon een kartrekker nodig heeft.

In Turkije is het ook niet veel soeps, zegt een kennis van mij. Jullie laten daar alle moordenaars zomaar gaan omdat de gevangenissen vol zijn; dat doen wij gelukkig in Nederland niet. Met jullie bedoelen ze mij als het land Turkije en wij is dan Nederland. Ik ga er niet eens op in, beslis ik, totdat de zin van mijn moeder weer bij mij bovenkomt: 'Wanneer je het opgeeft om het uit te leggen, is het voorbij met de ontwikkeling en de verandering; dus geef nooit op.' En zo verslaafd als ik ben aan mijn moeders wijsheden, begin ik weer van voren af aan om die bekende weer alles uit te leggen...

Ik was niet echt in een feeststemming, en ondanks dat voetbal voor mij niet alles is, moest ik huilen van ellende en geluk dat Turkije van Japan won. Misschien is een reden hebben om je gelukkig te kunnen voelen wel net zo belangrijk als gelukkig zijn zonder een reden. En wanneer ik dan naar mijn tuin kijk en de pruimenbomen zie schitteren, heb ik er een reden bij.

En als ik op dat moment ook een man in mijn tuin zie lopen en zie plassen, sta ik vol verslagenheid in mijn eigen tuin hoffelijk te zijn met een domme zin als: 'Meneer, dit is privé-terrein. Wat bent u aan het doen?' Waarop hij zegt: 'Hou me maar tegen', en hij gaat door met plassen. Hij had gelijk: hoe hou ik hem tegen? Ik deed mijn deur open en mijn hond verscheen, grommend. En als ik die man dan zie wegrennen met zijn rits omlaag, ben ik gelukkig dat ik een hond heb, maar volstrekt verbaasd dat zoiets kan. Ik zie en hoor de laatste tijd zoveel gekte, dat ik me afvraag of de gekkekoeienziekte omgeslagen is in de gekkemensenziekte.

Ben ik een pessimist aan het worden?

Nee, waarom zou ik. Ik heb nog altijd mijn pruimenbomen die ik indertijd kocht als kersenbomen...

'Wanneer is het einde van het jaar?' vraagt mijn chauffeur. 'Voor velen eind december, maar voor mij eind juni,' antwoord ik.

'Waarom eind juni?' vraagt hij.

'Omdat dan mijn theatertournee ten einde is, ik ook even stop met mijn columns en ik dan de administratie van het theaterseizoen afrond. Wat is voor jou het einde van het jaar?' vraag ik.

'Nou, eigenlijk wil er bij mij maar geen einde komen. Het is altijd hetzelfde, elke maand is hetzelfde.'

Mijn dienstmeisje haakt in: 'Wat een onzin! Het is helemaal niet altijd hetzelfde! Elke dag die je leeft is anders, zelfs je smaak verandert, evenals je kijk op dingen. Je gevoelens veranderen elke dag. Alles verandert. Hoe kun je dan zeggen dat elke dag hetzelfde is?'

'Ja,' zegt de nanny van mijn kinderen. 'Daar ben ik het mee eens. En als je dan denkt dat je altijd hetzelfde bent en dat er niets verandert, gebeurt er zoveel in de wereld, dat alles om je heen verandert. Wat is er allemaal niet gebeurd sinds vorige zomer! Mijn god, het is haast onmogelijk om het op te noemen. Herman Brood is overleden. Sylvia Millecam, Pim Fortuyn en Bart de Graaff zijn heengegaan. Een imam die van alles zegt waaronder andere imams lijden. Onze kroonprins die met een Argentijnse schone trouwt en een sprookjesbruiloft geeft, Milosevic die eindelijk voor de rechter staat, de invoering van de euro, waarmee alles dubbel zo duur geworden is, Tara Singh Varma die kanker heeft en dan toch weer niet, het meisje van Nulde, 11 september: de dag die niemand ooit zal vergeten. Nee, dit alles kan je niet zomaar koud laten.'

Mijn lijfwacht, die totaal niet naar ons luistert, komt geestig uit de hoek en vraagt: 'Wisten jullie dat ze aan de coach van Senegal, voordat het wereldkampioenschap voetbal begon, hadden gevraagd voor welk land hij bang was om tegen te voetballen? Hij antwoordde toen: Turkije. De journalisten verbaasden zich erover, omdat Turkije helemaal niet bekendstond als een sterk team. En toen zei hij: ik maak natuurlijk een grapje.'

'Een Turks gezegde luidt: een steen waarvan je het niet had verwacht, zou je hoofd wel eens kunnen breken,' zeg ik lachend.

'Ja, het is best leuk voor jullie. Ik vind het verdomde jammer dat Nederland niet meedoet. Je mag gerust weten dat het me best pijn doet als ik al die Turken feest zie vieren. Dat hadden wij ook moeten doen. Maar ik gun het jullie wel hoor.'

'Ach, alles is betrekkelijk. In Turkije is het nu groot feest en dat het land in een grote economische crisis verkeert, vergeten de mensen even. Dat alles veel duurder wordt na elke overwinning, zelfs het dagelijks brood, zien de mensen niet eens meer. Ze zijn alleen maar blij. En geluk nu kan je sterk maken voor het ongeluk later. Dus: je gelukkig voelen om welke reden dan ook is altijd goed. En als een heel land – zeventig miljoen inwoners en nog eens vijf miljoen (ex-) landgenoten over de grens – gelukkig kan zijn om een bal die rolt, is dat bijzonder. Al weet iedereen dat dit niet alleen gaat om een bal die in een doel rolt. Dit is – sinds het machtige Turkse rijk tijdens het Ottomaanse tijdperk – voor Turkije dé manier om de wereld te laten zien dat het bestaat. Wanneer ik twee kleine Turkse kinderen heel gelukkig met een Turkse vlag op hun hoofd zie lopen, denk ik: wat leuk. Maar wanneer ik doordenk over het fenomeen voetbal – een wedstrijd tussen twee landen – gaat het om niets anders dan om nationalisme. En nationalisme heeft nog nooit iets goeds opgeleverd.'

'Ik ben benieuwd wie er overblijft morgen: Turkije of Brazilië,' zegt mijn chauffeur.

'Ik ben vooral benieuwd naar de emoties als Turkije uiteindelijk in de finale tegen Duitsland moet voetballen,' zegt mijn lijfwacht.

Een van mijn kinderen begint te huilen en de nanny kijkt lief op. 'Weet je wat je moet doen? Je moet je zonen óf als voetballer opvoeden of als topschaatser. Dat is leuk, een Turkse voetballer in het Nederlands elftal of een Turkse schaatser die voor Nederland een gouden medaille haalt.'

'Ja, heel leuk,' zeg ik vaag. 'Misschien is het nog leuker als het er helemaal niet meer toe doet welk land wat doet en hoe goed het ene land wel niet is ten opzichte van het andere. Beginnen niet alle verschillen, overeenkomsten en conclusies daarmee?'

'Misschien wel, maar daarmee begint toch het ontdekken...'

Wanneer ik alles op een rijtje zet dan klopt er niets meer, noch van mijn verhaal, noch van de werkelijkheid.

Om te beginnen heb ik geen chauffeur of dienstmeisje – en al helemaal geen nanny, want ik heb geen kinderen. Om over mijn lijfwacht maar te zwijgen. Hoewel, die heb ik in zekere zin wel, maar dan een met víér poten, in plaats van twee.

Er is maar één conclusie van zo'n chaotische column mogelijk: ik ben moe en aan vakantie toe.

Ik wens al mijn lezers een onvergetelijke zomer met veel zon en zee. Tot in september vanuit New York!

Pech als beste vriend

Vakantie is een vak apart. Niet alleen verwacht je uit te rusten en het leuk te hebben, maar je neemt ook aan dat er niets onverwachts gebeurt dat je vakantie kan bederven.

Of je hebt geld en geen tijd, of je hebt alleen tijd, of je bent een geluksvogel en hebt ze beide. Voor het eerst van mijn leven had ik geld én tijd, een vakantie van twee maanden. Mijn columns zette ik stop, het theaterseizoen was in juni ten einde, vakantie was wat lichaam en vooral geest nodig hadden.

Niet voor niets luidt een spreuk: laat je geest zo nu en dan stoppen voordat hij jou stopt. Vol goede moed ben ik naar Turkije gegaan, waar ik eerst vakantie zou houden en daarna een pilotprogramma zou opnemen voor de televisie. Gezien mijn motto 'werkend ijzer roest niet' zou twee maanden nietsdoen toch al te veel zijn, dus na een maand rust kon ik mezelf gemakkelijk een televisieprogramma permitteren.

Ik koos mijn gast uit en dat baseerde ik op mijn gevoel. Iemand stopt zijn ziel, emoties, inzicht en vooral liefde in een programma, lied en tekst, die hij vervolgens met jou deelt, waardoor bij jou een snaar wordt geraakt en je ziel wordt geprikkeld. Dan wordt die persoon jouw idool, je begint van hem te houden. Voor hem ben jij daarentegen slechts één van de vele fans.

Zelf heb ik een paar idolen die bij mij een snaar raken; één van hen is Paul van Vliet. Voor mijn televisieprogramma heb ik hem benaderd, een man voor wie ik veel waardering heb, maar die ik nooit heb gesproken of heb ontmoet.

Via Unicef probeerde ik hem te bereiken, en aangezien

Unicef mijn grote sympathie heeft, zou ik deze organisatie ook in mijn programma opnemen. Zoals ik in sprookjes geloof, beginnen de sprookjes inmiddels ook in mij te geloven en ze komen vaak uit. Paul van Vliet belde zelf, ik werd een klein meisje van tien dat veel praatte en weinig zei en vooral veel giechelde. Maar het maakte niet uit, meneer Van Vliet bleef mij als dame aanspreken.

Hij wilde wel meedoen aan mijn programma, maar Unicef vond het nog te vroeg voor een programma dat nog niet rond was, de ambassadeur van Unicef werd niet zomaar ingeschakeld. Als het programma eventueel een slecht programma zou blijken te zijn, zou dat niet goed zijn voor het imago van Unicef. Als een kind van wie het speelgoed is afgepakt, zo intens treurig was ik, maar ik kon het standpunt van Unicef volledig begrijpen. Acceptatie is toch vaak een rustmiddel in tijden van verdriet.

Hoe het ook zij, Paul van Vliet ging niet door, maar mijn programma ook niet. Eén van de onverwachte dingen in het leven is ziek-zijn, het meldt zich niet en komt altijd ongelegen. Toen ik in Turkije was, had ik een lelijk kuchje, dat een hoest werd en uiteindelijk bronchitis bleek te zijn. Ik belandde in het ziekenhuis, in Turkije het ergste huis waar je kunt zijn.

Na de privatisering van Turkse instellingen zijn de staatsziekenhuizen van slecht naar slechter gegaan, en de privé-klinieken tien keer zo duur geworden. De verzekering in Nederland betaalt een staatsziekenhuis en geen privé-kliniek, maar mijn gezondheid is mij te lief. Tenslotte had ik mijn moeder verloren in een staatsziekenhuis door een 'foutje', zoals ze het noemden, en ik koos dus nu voor een privé-kliniek waar alles tiptop was.

Na het ziekenhuis en het rusten thuis bij mijn tante was ik mijn vakantie kwijt en ook mijn planning voor het programma. Alles werd geannuleerd, en ik verzette de pilot naar december.

Ik besloot vervolgens naar Griekenland op vakantie te gaan, buurland van mijn geboorteland. Ik was er nog nooit geweest, één keer op mijn zestiende had ik een poging gedaan erheen te varen, maar ik had geen visum en mocht het land niet in. Ik mocht niet eens zwemmen in de Griekse wateren met mijn Turkse paspoort toen. Nu, zestien jaar later, mocht ik er alles doen wat ik wilde, dankzij mijn Nederlandse paspoort, terwijl ik nu in potentie veel gevaarlijker was dan het meisje van toen.

Soms is pech je beste vriend. Zomer 2002 beloofde veel, maar bracht weinig. In Griekenland liep ik een soort bacterie op, die in mijn maag was beland en maar niet weg wilde, en weer lag ik in het ziekenhuis. Het werd me allemaal te veel en ik ben met het eerste vliegtuig teruggegaan naar huis. Ik miste mijn nestgeur en had heimwee naar Nederland, het land dat mij meer lief is dan welk land ook.

De thuiskomst was niet alles, mijn huis was getroffen door de bliksem, mijn televisie, computer en stereo-installatie waren doorgebrand, de telefoonlijn was dood, en alle lampen waren kapot. Volgens mijn buurman moest ik juist heel blij zijn in plaats van treurig, want het had 'erger gekund' en mijn huis had wel in zijn geheel kunnen afbranden.

Na vijf dagen in Nederland ben ik vertrokken naar New York, waar ik twee maanden zal blijven. En nu ik hier ben, denk ik aan het land van nuchterheid, waar het motto 'het kan altijd erger' altijd zal zegevieren.

Voor nu: een frisse groet uit New York, de stad van mijn initialen.

Amerika herdenkt

Geef mij uw uitgeputte, arme, samengepakte massa's die vrij willen ademen – het erbarmelijke afval van uw volle kusten. Zend dezen, de daklozen, door de storm naar mij toe geslingerd. Ik hef mijn lamp omhoog naast de gouden deur.

Deze tekst, die bij het Vrijheidsbeeld in New York staat, is geschreven in 1883 door Emma Lazarus, toen de poorten van Amerika opengingen voor ieder die de droom had rijk te worden en te vinden wat hij in eigen land niet kon vinden.

Er is niet veel veranderd sindsdien. Nog altijd zijn er immigranten, mensen met hoop, nog altijd verlaat men huis en haard, het land van geboorte, familie en vrienden om elders de drie g's te vinden: geld, geluk en gezondheid. Hoewel president Bush na 11 september de suggestie heeft gedaan de immigratie stop te zetten en daarmee het terrorisme, kan ik me niet voorstellen dat dat ooit echt zal gebeuren.

Morgen is het 11 september en New York is nu al in rouw. Gisteren ben ik naar een kerk gegaan, de herdenking was toen al begonnen. In de kerk kreeg iedereen die een dierbare naaste of bekende had verloren, gelegenheid zich te uiten en allen luisterden ernaar. Je kon er zelfs heen lopen en die persoon knuffelen, wat veel werd gedaan. Bij één dame kon ik mezelf niet bedwingen en voordat ik het wist, stond ik te huilen in haar armen, terwijl ik háár nu juist tot troost had moeten zijn.

Ze had haar zoon van achttien verloren, hij werkte in een lunchroom en bracht koffie en broodjes naar het World Trade Center. Haar man was bij de politie en was er die ochtend ook en kwam eveneens om het leven. Ze vertelde over het lot en de spirituele kracht die de gedachte gaf dat vader en zoon elkaar gevonden hadden. Ik begrijp dat die gedachte een zachtere manier van verwerken geeft, maar het blijft een drama dat zelfs Osama niet heeft kunnen bedenken. Niet dat hij daar ook maar een seconde over heeft nagedacht, maar een bitterder toeval dan dit is haast niet voor te stellen.

Dapper was die dame. Ze deed nu alles om voor Amerika te leven – dat waren haar laatste zinnen. Wat ik niet echt kon vatten. Het lijkt wel of deze gebeurtenis de Amerikanen niet alleen dichter bij elkaar heeft gebracht, maar ook nog eens zoveel nationalistischer heeft gemaakt. Er is al een week een spot op de televisie van allerlei mensen die met trots opgeheven gezichten zeggen hoe trots ze zijn Amerikaan te zijn. De schoonheid van de spot is dat velen van hen Chinezen zijn, Pakistanen, Indiërs, Italianen, Brazilianen en noem maar op. Iedereen die naar Amerika is geëmigreerd, noemt zich Amerikaan.

Ik kan me dat in Nederland niet voorstellen, helaas. Als ik alleen al kijk naar de basisscholen, waar kinderen van buitenlandse ouders, die in Nederland geboren zijn, nog steeds het stempel allochtoon dragen, dan kán die generatie zichzelf ook geen Nederlander voelen.

Vandaag vroeg een taxichauffeur me waar ik vandaan kwam. Ik zei: 'Uit de wereld', en zijn antwoord was iets om over na te denken. Hij zei: 'Nee, dat moet je niet zeggen, je moet altijd ergens bij horen. De wereld is in de kosmos een domme ronde bal die maar ronddraait en kilometers maakt. Uit de wereld komen is niets, helemaal niets. Benoemen van het stukje land waar je toe behoort, dat is pas wijs.' Ik heb nog getwijfeld of ik tegen hem zou zeggen dat een stukje land uiteindelijk ook in die domme ronde bal zit, maar ik liet hem geloven in zijn illusie.

Hij keek naar mijn halsketting en vroeg of ik ook in alle

geloven van de wereld geloofde. Die vraag kon ik me wel voorstellen, aangezien mijn ketting echt raar is. Ik denk dat dit uitleg behoeft.

Toen ik naar New York kwam, kreeg ik van mijn tante een davidster, ze zei er nadrukkelijk bij: 'Doe dit om, want ik ben zo bang dat je, als je daar zegt dat je uit Turkije komt, net als in Nederland meteen voor moslim wordt aangezien en dan doen ze je misschien wat. Alsjeblieft, doe deze joodse ster om.'

Het was heel goed bedoeld van mijn tante, maar het wekte bij mij een raar, ironisch gevoel op. Wat een gekke wereld was het toch, zoveel onschuldige mensen die in deze ster geloofden zijn omgebracht door een gek en nu, in 2002, gaf mijn tante mij deze ster om mij zogenaamd te redden. Ik nam het cadeau aan, maar deed het niet om. Totdat ik hier kwam.

Op een dag bezocht ik een gospelkerk, een synagoge en een katholieke kerk. Daarna ben ik naar een Pakistaanse moskee gegaan. Het kruis is het symbool van het geloof voor de christenen. De moslims hebben geen symbool, alleen een kleine Arabische tekst die voor Allah (God) staat. Al deze symbolen zeggen hetzelfde, allemaal anders, maar het uitgangspunt is hetzelfde. Ik heb de davidster, het kruis en de Arabische tekst bij elkaar aan het kettinkje gedaan en dat omgedaan.

Velen kijken raar en zeggen niets, maar de reactie van de taxichauffeur vond ik wel de meest logische. Ja, ik kom uit de wereld en ja, ik geloof in het goede en dat onze taak het voelen, uiten en delen van het goede is. Welbeschouwd maakte Emma ook geen onderscheid tussen nationaliteiten of tussen geloven – ze had het tegen de mensheid!

Jom Kippoer

Gisteren was het Jom Kippoer, Grote Verzoendag, de heiligste dag van het joodse jaar. Ik heb in Nederland nooit echt geweten wanneer dat was, maar hier in New York is het onontkoombaar. Vele kantoren en winkels zijn gesloten, zelfs mijn school is dicht. Ik volg in New York gedurende twee maanden aan de filmacademie een cursus acteren. Aangezien mijn boek *De garnalenpelster* verfilmd wordt en ik mezelf daarin zal spelen, vanaf het moment dat ik vijfentwintig jaar ben (jonger krijgen ze me niet opgemaakt), wilde ik ervaring opdoen voor de camera. Normaal acteer ik op het podium, en ik heb geleerd daar alle gebaren groter te maken, zodat de mensen achter in de zaal ook mee kunnen genieten. Maar voor een camera moet je de gebaren juist klein houden, zo natuurlijk mogelijk. En dat wilde ik leren.

Het is heel prettig om weer student te zijn, om weer te leren. Ik heb nooit een studie acteren gedaan. Van mijn regisseurs, Thomas Verbogt, Leoni Jansen en Titus Tiel Groenestege, en door veel op te treden, heb ik veel geleerd, maar echte theorieën over Shakespeare, Meisner of Stanislavski heb ik nooit onderwezen gekregen. In elk beroep is stilstand achteruitgang, elke ontwikkeling in je geest is een succes voor jezelf. En al die ervaringen zijn terug te zien in je werk. Ik leer op dit moment niet alleen van boeken of theorieën, maar vooral van de mensen om me heen in die stad van diversiteit, die stad die inderdaad nooit slaapt en altijd maar beweegt en waar alles zo open lijkt, doch zo geheimzinnig is.

Ik heb een lerares hier op school die zelf regisseert en ook acteert. Zij is joods, heeft een grote bos zwart, krullend haar en grote bruine ogen. Ze vertelde: 'Ik heb het in New York zeer moeilijk gehad als actrice in de jaren zestig, zeventig. En eigenlijk nog steeds. Er heerste veel antisemitisme in de stad, veel filmproducenten wilden geen joden als acteur en je kon aan mijn neus meteen al zien dat ik joods was. Toen heb ik plastische chirurgie laten doen aan mijn neus, maar ik blijf een joodse om te zien. Toen heb ik de strijd maar opgegeven.'

Ik begreep het niet, zoals zij vertelde over antisemitisme in de stad, dat klopte voor mijn gevoel niet. Want volgens mij was er hier juist veel respect voor joden, evenals voor hun feestdagen. 'Dat is hypocrisie,' zei ze en verder wilde ze er niet op ingaan.

Toch wilde ik weten wat ze bedoelde en vroeg het aan een van mijn beste vrienden in deze stad – een taxichauffeur. Ik vroeg hem: 'Morgen is het Jom Kippoer, is dan alles gesloten in de stad?'

'Waarom? We zijn niet in Israël,' was zijn antwoord.

'Mijn school en sommige kantoren zijn gesloten,' zei ik.

'Waarom respecteren ze niet de moslimfeestdagen, het heeft allemaal met de politiek te maken.'

'Na 11 september kan ik het me misschien wel voorstellen.'

'Nee, vóór 11 september was het ook al zo. Amerika heeft altijd wat tegen moslims gehad. Waar kom jij vandaan?'

'Nederland.'

'Maar je hebt zwart haar.'

'Ja, ik ben geboren in Turkije.'

'Dus moslim?'

Ik liet hem mijn ketting zien waaraan een kruis, een davidster en in het Arabisch schrift het woord 'God' hing. Zijn reactie was net alsof je Dracula een kruisteken liet zien. 'Jij bent vervloekt,' zei hij. En hij liet me de taxi uit stappen.

Toen ik dit aan mijn tante vertelde, werd ze razend en

vond ze dat ik maar geen ketting meer moest dragen met al die tekens. Ze vond het een bespotten van religies, maar ook geen respect hebben voor het geloof, omdat je te laf bent om een keuze te maken. Terwijl ik juist met die ketting wil zeggen dat ik geloof dat alle religies in essentie het goede bedoelen. Maar mijn tante is zevenentachtig en echt discussiëren met haar heeft geen zin; dus loog ik dat ik de ketting niet meer zou dragen.

Het is mooi dat een land rekening houdt met zijn migranten door hun feestdagen te erkennen, maar ik kan me ook voorstellen dat er, met zoveel cultuurverschillen en verschil in religies, heel wat feestdagen zullen zijn en als je die allemaal vrijhoudt, er waarschijnlijk weinig werk- of studiedagen overblijven.

Toch gaf het mij een speciaal gevoel om in Amerika een vrije schooldag te hebben om een joodse feestdag te vieren. Niet dat vrij echt vrij betekent bij mijn studie, want ik heb nooit geweten dat die studie zo zwaar kan zijn. We maken echte films, twee minuten van een film kosten soms zes uur aan opnames en in de vrije tijd die je hebt ben je bezig met je script te leren.

Ik ben nog steeds blij met mijn ketting die alle religies symboliseert, want uiteindelijk bedoelen ze echt hetzelfde. Hindoestanen hebben het feest Diwali, wat ook een verzoeningsgebaar is, dat ik zelf elk jaar vier. En vanaf heden ook Jom Kippoer. Ik denk dat al die speciale feestdagen ooit door profeten zijn verzonnen om het sociale leven met familie, vrienden en kennissen bij te houden. En de mensheid faalt in sociale zin, iedereen wordt met de dag individualistischer en de hunkering naar samenzijn wordt groter.

Lang leve de sociale feestdagen en Jom Kippoer; lang leve de verzoening!

Herfst in New York

Het wordt herfst, mijn lievelingsseizoen. Mijn eerste herfst hier, niet veel anders dan elders.

Toen ik pas in New York was, dacht ik: er is niet veel overgebleven van Nieuw Amsterdam. Niet dat ik de stad in die tijd heb gekend, maar van boeken en documentaires had ik een indruk gekregen hoe het toen was. Nu ik hier een maand zit, merk ik toch aan veel zaken dat de Nederlanders hier ooit hebben geheerst. Niet alleen doordat er straten zijn die naar Amsterdam zijn vernoemd, en er een krant is die *Amsterdam News* heet – die alleen maar zo heet en verder niets te maken heeft met het nieuws uit Amsterdam – maar er zijn ook echt Nederlandse wortels hier. Vier van mijn elf leraren op de academie hebben Nederlandse voorouders en spreken een beetje Nederlands. Verder heb ik buiten Nederland nergens zoveel fietswinkels gezien als in New York. Hoewel de taxi's het fietsers haast onmogelijk maken, is er toch een grote liefde voor het fietsen. In mijn eerste week hier heb ik dan ook meteen een fiets gekocht: toch mijn Nederlandse wortels, gevoed met het Turkse bloed.

Ik voel me vaak een klein meisje in deze grote stad. Maar niet als ik op mijn fiets zit en door de Avenues rijd, dan voel ik me zo vrij en vooral zo groot. Het vrijheidsgevoel is een groots, machtig gevoel. New York is de enige stad waar ik in mijn tweeëndertigjarige leven niet verdwaal. Alle straten zijn op nummer te volgen. Ik heb me altijd richtingloos en lichtelijk stom gevonden, omdat ik altijd, waar dan ook, verdwaal. Een theater zoeken in welke stad dan ook is voor mij een grote ramp; als ik niet om twaalf uur 's middags van huis vertrek, kom ik nooit voor vijven aan.

Ik leer veel door verdwalen, maar wanneer ik niet verdwaal, voel ik me toch een stukje zekerder.

Ik ben zo benieuwd hoe New York er had uitgezien als Nederland dit stukje land nooit met de Engelsen had geruild tegen Suriname. Misschien hadden ze in deze stad dan wel Nederlands gesproken, maar dan waren er misschien niet zoveel Surinamers in Nederland geweest en was het daar een saaie boel.

Daarom is vandaag een stukje gisteren. De geschiedenis heeft ervoor gezorgd dat het heden is wat het is. Er had in het verleden maar íéts anders hoeven te zijn, en álles had er anders uitgezien. Terwijl ik dit schrijf, praat ik hardop tegen mezelf: 'Ja Nil, wat een logica, heb je nog echt iets origineels te melden?' En toch wil ik er minstens over nagedacht hebben. Ik denk zo vaak in mijn kleine leventje aan wat er gebeurd zou zijn 'als...' Mijn ex-vriend werd gek van die vraag: hoe zou het zijn als dit nou zús was. Maar door mijn voortdurende geals en stel-je-eens-voor kon ik dingen makkelijker relativeren en soms zelfs begrijpen.

Het is zoals in 'Imagine' van John Lennon. Als je je voorstelt dat de dingen die je lief zijn, er niet meer zouden zijn, krijgen die vandaag een grotere waarde. De kracht is ook alles te waarderen nu je die dingen nog hebt. Het gejeremieer wanneer ze er niet meer zijn en het niet-waarderen zolang ze er wel zijn, betekent een nutteloze verspilling van tijd en energie.

Sinds ik acteerlessen volg, ben ik tot de conclusie gekomen dat eigenlijk iedereen zulke lessen moet volgen, ook als je een totaal ander beroep wilt beoefenen. Je leert niet alleen acteren, maar ook je volledig bewust zijn van jezelf en van de ander. Je leert het beheersen van de toon van je stem, je mimiek, je ogen, je volledige lichaamstaal, die meer zegt dan welk woord ook. Wat je echt beweegt in het leven, waarom en hoe: alles wordt onder de loep genomen, je vermogen te reageren, je communicatieve vaardigheden. Natuurlijk hebben we een karakter dat ons heeft gevormd – of andersom – maar ik leer nu dat je alles kunt leren. Een stil iemand wordt misschien nooit lawaaierig of een chaotisch persoon nooit de rust zelve, maar je kunt er bewuster mee omgaan en jezelf bepaalde zaken op bepaalde momenten aanleren.

Eigenlijk acteert iedereen in het leven. Zoals Shakespeare zei: 'De wereld is een podium en wij zijn de spelers.' Neem bijvoorbeeld een van de simpelste vragen: 'Hoe gaat het met je?' Wie dat vraagt, verwacht niet een echt antwoord. De ontvanger van de vraag weet dat ook en zegt bijna altijd: 'Goed.' Het is hier een gewoonte dat iedereen *How are you?* zegt, in de simpelste winkels. De eerste dagen ging ik er echt op in, en vertelde ik dat dit mijn eerste keer was in New York enzovoort, maar de blikken vertelden dat ze me vreemd vonden.

Ik pas me overal aan, zoals het hoort. Ik moet toegeven dat aanpassen echt eigenbelang is, je voelt je veel lekkerder als je de gewoonten, gebruiken, de taal en het ritme van het land waar je bent, kent. Het rare is wel: ik voel me in Nederland meer buitenlander dan in New York, maar dat komt waarschijnlijk omdat bijna iedereen in New York een buitenlander is, waardoor buitenlanders er niet echt zijn. Sinds ik hier ben, ben ik niet één Amerikaanse taxichauffeur tegengekomen, of juist ook wel, want iedereen die hier woont, voelt zich een Amerikaan met een buitenlandse wortel, en misschien is dat wel de manier om je één stam met aparte takken te voelen.

De bladeren verkleuren, ontwikkelen zich, opdat ze zich in de lente kunnen vernieuwen en een groei kunnen doormaken om voort te leven.

Ik geloof in een schepper van de mensheid. De natuur zorgt voor samensmelting van de eicel en de zaadcel, de cellen zorgen voor de ontwikkeling van het embryo: dat krijgt handen, voeten, een hoofd, een gezicht, een lichaam. Hoe de organen in het lichaam zich ontwikkelen, is sciencefiction voor mij; een raadselachtig wonder dat natuur heet.

In deze natuur heerst het leven: alles wat leeft, beweegt en zich voortplant. De dood heerst misschien ook wel, maar dan in alle stilte, waardoor wij hem niet kunnen horen of zien, maar alleen kunnen voelen. We hebben onszelf aangeleerd om alles wat we voelen en niet kunnen definiëren met ons verstand, maar opzij te zetten. Test jezelf maar eens: als iemand jou een slecht gevoel geeft zonder dat diegene je iets heeft aangedaan, negeer je vaak je gevoel; immers, die persoon heeft je niets aangedaan. Of je voelt de aanwezigheid van iemand die dood is. Als je dat zegt, denken de mensen om je heen bij voorbaat al dat je niet helemaal in orde bent. Dat is hun goed recht, als je maar niet twijfelt aan jezelf en aan je eigen gevoel.

Eenieder mag denken en voelen wat hij of zij wil. Tot zover begrijpen we elkaar.

Maar als iemand zegt: luister, ik vind dat het moslimgeloof het beste is, en een ander denkt dat je niet helemaal in orde bent, en iemand gaat dan zo ver dat die jou wat aan kan doen, dan begrijp ik dat niet, of in ieder geval veel minder dan de definitie van gevoel zonder argumenten. En kunnen argumenteren of een antwoord geven op vragen geeft je vaak voldoening.

Een paar weken geleden heeft de beste vriend van mijn

beste vriend zijn zesentwintigjarige vriendin bij een auto-ongeluk verloren. Mijn beste vriend vroeg zich maar één ding af: 'Waarom zij? Ze was zo jong.' Het enige antwoord dat ik kon geven, was wat míjn stille troost was toen ik mijn moeder verloor: 'Ik denk dat God een extra engel nodig had.'

Na 11 september belde dezelfde vriend mij en ditmaal vroeg hij: 'Had God ook al die onschuldige mensen in het World Trade Center nodig als extra engeltjes?'

Ik kon hem niet direct een antwoord geven, maar die vraag heeft me dwarsgezeten. Het is nu drie weken later en ik heb een antwoord. Een antwoord dat absoluut geen troost is maar het is een antwoord.

De elfde september had niets met God te maken, hoogstens indirect. De doden die op 11 september vielen en vele moorden, vormen van terreur en oorlogen, zijn het teken dat de creatie van God – de mensheid – gefaald heeft. Toen God de mens hersenen gaf om te denken en te vertellen wat die vindt, had hij niet kunnen bedenken dat zijn mensen – zijn creatie – met elkaar zouden vechten en elkaar zouden bedreigen met de dood of, nog erger, hele volkeren zouden uitroeien vanwege het overtuigd zijn van het eigen gelijk. Nee, dat had God niet bedoeld.

Geloof wat je wilt geloven, heb lief wat je aanstaat, weiger wat je niet wilt, maar iemand bedreigen met de dood en nog erger, iedereen vermoorden die je niet aanstaat, dat predikt geen enkele religie.

Als moorden de enige oplossing zou zijn, had God Adam en Eva na het plukken van de appel wel vermoord, in plaats van ze weg te sturen uit de hof van Eden. Achteraf is het jammer dat hij dat niet gedaan heeft, want dan was het begin van de mensheid meteen al het einde geweest. Op zich niet zo'n verlies voor de planeet aarde, maar dan was het voor God toch een saaie boel geworden, dan had hij het spel van het leven alleen kunnen volgen met de bomen en de dieren, en die doen niet zoveel beestachtigs als de mens.

Toen ik tijdens de cursus die ik op dit moment in New York volg, van een klasgenoot hoorde dat de moslims van nu de joden van vroeger zullen worden, klutste er van alles in mij. Maar ik zei niets. Vervolgens zei een ander: 'Nee, dat zou niet kunnen, want wij joden werden afgemaakt zonder dat we iets fouts hadden gedaan en moslims doen zoveel kwaad dat ze er bijna om vragen.' Ze keken allebei naar mij. Ik heb een ketting met symbolen van alle religies, en die hield ik omhoog. 'Dan kun je toch wel een mening hebben,' zeiden ze tegelijkertijd. 'Ja, dat kan, maar deze ketting symboliseert mijn mening: elkaar afmaken om welke religie dan ook is stom, elkaar neerschieten omdat je anders denkt is stommer dan stom en het niet kunnen opbrengen om te proberen elkaar te begrijpen en te respecteren om wie en wat je bent, is niet alleen stom maar vooral ook dom. Een gelukkige wereld begint bij jezelf, om iets te verbeteren moet je in je eigen kring beginnen,' zei ik in één adem.

'Dus jij vindt dat we maar níét naar het onderwerp moeten kijken. We stoppen alle geloven samen en het is klaar?'

'Het is geen eclips, natuurlijk moeten we ernaar kijken en erover praten, maar praten doe je met woorden en met je verstand. Begrip en sympathie leiden zelden tot moord en zelfs antipathie hoeft niet meteen tot het ergste te leiden.'

Terwijl ik dit zei, keek ik naar mijn handen die maar in de lucht bleven bewegen, en ik moest denken aan de schepper die nooit had kunnen bevroeden wat voor macht handen ooit zouden krijgen: ze kunnen strelen, maar ook schieten.

Perzik of peer

Vandaag proefde ik de smaak van de technologie in Amerika. Ik kocht een perzik. Ja, u leest het goed, een perzik. Dus geen peer. Dit klinkt misschien flauw, maar het is belangrijk als informatie. Ik had nog nooit in mijn leven zo'n mooie, grote perzik gezien. Ik wilde er snel in bijten en hem met veel plezier opeten.

Eenmaal thuis – handen gewassen, de perzik op een bord gezet om de eventuele druppels op te vangen – nam ik een hap. En het was een heel grote teleurstelling: net zo groot als toen mijn kersenboom een pruimenboom bleek te zijn. Groter zelfs. Deze perzik smaakte helemaal niet naar een perzik, maar naar een peer. Ik begreep er niets van, hoe kon een perzik naar een peer smaken?

De volgende dag ging ik weer naar de winkel en vroeg dat aan de man die mij de vrucht had verkocht.

Hij zei vol trots: *'This is America, not everything what you see is what you get.'*

Het bleek de nieuwste vinding te zijn van de fruit- en groentewereld. De perzik was genetisch gemanipuleerd, gekruist met een peer. *'Isn't that amazing?'* vroeg hij blij, zonder dat hij een antwoord wilde horen.

Dat ze dubbeldrank hadden uitgevonden, begreep ik nog wel, maar om nu ook dubbelfruit te verzinnen, dat ging mij te ver.

Er zitten gevaarlijke kanten aan genetische manipulatie van fruit en groenten. Het ziet er perfect uit, mooi, groot, glanzend, strak en hard. Een klasgenoot van mij – van de cursus die ik op dit moment in New York volg – zei: 'Kortom, het lijkt op de vrouw van tegenwoordig: met al die push-upbh's en zelfs push-uppanty's ziet alles er strak en goed uit, totdat ze zich uitkleden. Dan schrik je je rot; alles hangt.' Ik vond dat een belachelijke vergelijking, maar de mening van veel mannen over strakke lichaamsdelen is wellicht anders dan die van mij.

Een vrouw die er anders uit blijkt te zien, kan nog goed smaken, maar groente en fruit die er goed uitzien en niet smaken, is een pure teleurstelling.

Ik heb hier zelfs hartvormige aardappelen gezien en een vierkante meloen. Zelfs een tomaatvormige courgette gekruist met aubergine. Ik haalde die twee vaak door elkaar, nu kan ik ze dus in een kopen...

Al die hormonen en genetische manipulatie hebben wellicht ook invloed op ons groeiproces. Ik heb nog nooit zulke lange Chinezen gezien als in Amerika, althans de jonge generatie. Overigens zie ik niet alleen grote Chinezen, ik heb ook nog nooit zoveel dikke mensen bij elkaar gezien.

In plaats van de vervorming van groenten zouden ze wat moeten doen aan de vormen van die dikke mensen, die niet gelukkig zijn en niet weten hoe ze van al dat vet af moeten komen.

Terwijl ik dit schrijf, staat de Amerikaanse televisie aan en hoor ik Al Gore vuur spuwen tegen George Bush. Gore ziet zijn kans schoon om het volk even duidelijk te maken dat het een verkeerde keuze heeft gemaakt. Hij vindt dat Bush de voorbereidingen voor een eventuele oorlog met Irak gebruikt om zijn tekortkomingen te camoufleren. Hij vindt hem zelfs een grapjas, die velen wel eens het leven kan kosten.

Wanneer ik naar Gore luister en ik hem serieus zou nemen, dan valt de kwestie over de manipulatie van groente volledig in het niet.

Als kind begreep ik nooit waarom er oorlog was. Mijn moeder legde het dan haarfijn uit, alsof ze een ex-minister van een bepaald land was. Ik begreep haar niet, heb haar uitleg jarenlang niet begrepen, maar nu lijken mijn hersenen het toch een beetje te kunnen volgen. Ze zei: 'Als iedereen verdwaald is, als mijn God beter is dan die van jou, of als iedereen volledig van God los is, als de economie het echt niet meer redt, als de mensen in de regering ook al verdwaald zijn in hun strategieën, als de armoede en de ontevredenheid stijgen, dan is een oorlog een oplossing.'

En elke keer als ze het woord 'oplossing' zei, barstte ik los. Hoe kon ze een oorlog nou een oplossing noemen. 'Nee,' zei ze dan, 'het is niet een humane oplossing, maar een economische oplossing. Alles gaat plat en men bouwt opnieuw een fundament. Men leert elkaar weer waarderen en dankbaar te zijn, want ze hebben in de oorlog gezien wat het was om geen vrijheid en vrede te hebben.'

'Ja, als ze dan nog leven om te realiseren wat ze hebben gemist,' zei ik dan ongeduldig.

Dan legde ze uit dat het niet háár strategie zou zijn, maar dat dit wel een belangrijke reden moet zijn voor een oorlog, naast het streven naar macht en meer land.

Soms lijkt de hele politiek een grap. Op de voorpagina van *The New York Times* stond een minister getekend die zei dat Saddam Hoessein een leugenaar was terwijl hij zelf een lange neus had. Het was misschien leuk voor kinderen van een jaar of tien, want enig niveau had die illustratie niet. Zeker als je bedenkt dat het over een oorlog gaat. Dan heeft Al Gore misschien toch gelijk als hij zegt dat Bush en zijn team een grap zijn.

Misschien is hij toch een toffe peer, of is het perzik?

Missen van zoveel

Het werkwoord 'missen' heeft vele betekenissen: kwijtraken, niet aan kunnen raken, niet hebben, ontberen, de afwezigheid van iets of iemand gewaarworden of pijnlijk voelen.

Missen is iets wat je niet kunt zien, niet onder de loep en zelfs niet op een röntgenfoto. Een werkwoord dat altijd werkt en waarvan je alleen maar de bijwerking voelt.

Toen ik pas in Nederland was, miste ik Turkije. Niet zo'n beetje, maar erg veel. Ik ging ermee naar bed en stond ermee op. Turkije is het land waar ik niet alleen geboren ben, maar waar ik opgroeide en het leven leerde kennen. Mijn familie, die mij zo dierbaar was, leefde er. De geur van de aarde als het regende, de geur van het Turkse brood, de feestdagen die door de hele stad werden gevierd, het geluid van de moskee dat het gevoel gaf: zolang God er is en je aan Hem denkt, komt alles goed.

Mijn afscheid van Turkije betekende tevens afscheid van al deze bijzondere momenten. Nu, tweeëntwintig jaar later, zijn er vele dingen veranderd. Met het missen van Turkije heb ik leren leven, de geur van de aarde heb ik in Nederland ook ontdekt, de geur van gebakken brood is overal even lekker, de feestdagen zijn helaas wat vervaagd, het geluid van de kerkklokken vind ik net zo mooi.

Het geluid van de moskee heeft me nu aan het denken gezet: waarom wordt er nog steeds in het Arabisch gezongen, terwijl het hele land Turks spreekt? Stiekem weet ik het antwoord daar wel op, maar het is niet bevredigend. De koran is in het Arabisch geschreven en ondanks dat de Schrift in het Turks is vertaald, zijn de gebeden in het Arabisch.

Ik betrap me er zelfs op – hoewel ik een voorstander ben van alle religies en ik het niet kan waarderen dat er allemaal aparte categorieën zijn, alsof het iets commercieels is dat iedereen maar voor zijn eigen geloof pleit – dat wanneer ik bid, ik dat in het Arabisch doe. Zo heb ik dat als kind geleerd, en ik denk dat je alles wat je tot je tiende jaar leert, nooit echt zult verleren. Het wordt een deel van je instinct. Net zoals tellen; hoe goed ik het Nederlands ook beheers, ik tel nog altijd in het Turks.

Het enige wat me echt heel blij maakte toen ik in Nederland kwam, was het koningshuis. Het gaf mij een sprookjesachtig gevoel. Dit land had een koningin en ik kende koninginnen alleen uit mijn sprookjesboeken en dat waren alleen maar goede mensen. Alleen de mensen die geen echte koningin waren, maar het wilden worden, waren gemeen. Hoewel men altijd beweert dat sprookjes niet waar zijn, kloppen ze vaak wel. In de werkelijke wereld kenmerkt een grootheid zich door goed te zijn. En dat was wat koningin Juliana liet zien: een groot hart in een grote vrouw; de koningin, mijn sprookje. Toen Beatrix haar opvolgde, kregen we op school allerlei informatie, zelfs over echtgenoten van koninginnen. Er werd vooral nadruk gelegd op hun nationaliteit, het klonk vaak alsof onze leraar moeite had met hun Duitse afkomst.

De dag dat ik hoorde dat prins Claus was overleden, of wellicht in zijn geval verlost van pijn, deed het me veel. Het bericht bracht me terug naar het moment dat ik voor het eerst over hem hoorde. Ik begon dan ook te denken aan wat ik allemaal over hem wist.

Ik weet niet veel over prins Claus, merkte ik, behalve dat hij een gevoelige, charmante en vooral een humoristische man was. Mijn mooiste herinnering aan hem is die aan het moment dat hij zijn stropdas afdeed. Zelf had ik ook nooit het nut van zo'n lap stof om de nek begrepen.

Ik had in elk geval wat met hem gemeen: zijn liefde voor

Beatrix. Want als moeder van alle moeders, zoals mijn moeder het mij leerde, had ik haar zeer lief. En na een ontmoeting met haar had ik haar charme, genegenheid en bescheidenheid meer dan lief.

Er gebeurt van alles in Nederland en het valt me zwaar op dit moment zo ver weg te zijn. Ik probeer alles bij te benen, maar sommige dingen ontgaan me. Geboorten en sterfgevallen zijn moeilijk om van verre echt te volgen. Daar wil je het liefst bij zijn.

Met het missen van Turkije heb ik in tweeëntwintig jaar leren leven, het gemis van mijn moeder zal nooit overgaan, maar het missen van Nederland – ik ben nu al vier maanden in New York – kan ik haast niet meer verdragen. Ik mis de molens, het groene gras, de koeien, de fietspaden en de mensen die erover fietsen, de geordendheid, patat met, echte Hollandse appelsap, het oer-Hollandse bruinbrood met oude kaas, ik mis *Nova*, ik mis mijn nestgeur, mijn dierbaren, mijn vrienden, mijn theater, mijn hond. Ik mis zelfs mijn chagrijnige bakker in Heemstede, die alleen lacht naar mensen die goed gekleed zijn en mij altijd overslaat.

En vanaf nu mis ik ook prins Claus, de man die zoveel humor had. Het maakt nu niet meer uit of hij Duits of Nederlands is: hij zal rusten in vrede, zonder nationaliteit, maar als lichaam waaruit de geest en de ziel vertrokken zijn, misschien wel naar een bestemming zonder hiërarchie en nationaliteit, waar alleen de eenheid van het goede bestaat.

En zolang we leven zullen we dit helaas missen!

'Een oceaan kent geen herinnering,' zei de man die naast me zat in het vliegtuig. We vlogen over de Atlantische Oceaan, naar Minnesota. Ik ging naar de Meokliniek, in Rochester. Het ging om mijn knie die drie jaar geleden was geopereerd in Zwolle. Na een jaar had een chirurg in Haarlem hem weer geopend; hij constateerde dat de eerste chirurg alleen het gebroken bot aan elkaar had geniet en vergeten was om de gescheurde meniscus ook te repareren.

De tweede chirurg heeft toen, nadat ik een jaar pijn had geleden, de gescheurde meniscus verwijderd. Nu, drie jaar later, maakt mijn knie rare geluiden. Hij knakt bij elke beweging, alsof de botten tegen elkaar schuiven. Het maakte me eerst niets uit, het deed geen pijn en het geluid nam ik voor lief, want ik wilde niet voor de derde keer een open knie. Daar kwam nog bij dat mijn optredens op 1 november beginnen en je na een knieoperatie soms een maand nodig hebt om te herstellen. Ik heb wel eens in een rolstoel opgetreden, met de mededeling drievoudig in de minderheid te zijn: vrouw, allochtoon en gehandicapt. Maar hoewel mijn publiek lachte, had ik zelf niet echt veel plezier in mijn rolstoel.

Destijds realiseerde ik me dat er maar een beperkt aantal plekken is waar mensen met een rolstoel heen kunnen. Nederland staat erom bekend rekening te houden met invaliden, maar het viel me toen toch tegen dat sommige bioscopen, theaters, restaurants en zelfs straten erg moeilijk toegankelijk zijn. Wat een rijkdom is het toch om gewoon te kunnen lopen.

Maar nu had ik geen keus meer, ik kon de signalen niet langer negeren. Mijn knie begon erg pijn te doen, alsof een botsplinter in het weefsel prikte.

De man naast me in het vliegtuig ging toevallig ook naar de Meokliniek. Vergeleken met zijn kwaal viel mijn kniepijn in het niet. Hij ging erheen voor een bestraling. 'Maar u hebt al uw haren nog,' zei ik, wellicht het domste wat je kunt zeggen op zo'n moment, maar het kwam spontaan in me op.

Ik weet eigenlijk nog steeds niet of ik moet leren dit soort spontaniteit te temmen of dit aspect van mezelf te accepteren en gewoon moet genieten van mijn invallen, die vaak tot niets leiden. Hij begon te lachen – zo'n stomme opmerking was het dus ook weer niet, dacht ik – maar hij lachte als een boer met kiespijn. 'Ik draag een pruik,' zei hij. Het was echt niet te zien dat het een pruik was. Ik geneerde me en zei sorry.

'*So am I*,' zei hij.

Nu begreep ik ook waarom hij, uit het niets, tegen mij over zijn herinneringen begon. Ik praat daar ook vaak over, en merk dat veel mensen dat maar overbodig of te veel van het goede vinden of soms zelfs onnodig. Maar ik merk dat als ik iemand tegenkom die kampt met grote onzekerheden in het leven, hij graag herinneringen ophaalt.

Ik was de krant aan het lezen, de *Daily News*. Ik maakte een geschokt geluid. De man met de pruik naast mij keek me laconiek aan en vroeg: 'Welk nieuws kan je dezer dagen nog laten schrikken?'

'Het kabinet in Nederland is gevallen,' zei ik.

'Maar als ik het goed heb begrepen, is dat de tweede keer binnen een jaar, zo'n schrik is dat toch niet.'

'Al valt het tien keer, het blijft me iedere keer weer verbazen dat op dat niveau zo'n communicatiegebrek kan ontstaan en dat het gewoon valt. Het is geen appel.' Een heel rare vergelijking vond hij.

'Juist dit soort momenten geeft aan dat ook politici maar gewone zielen zijn. En nu mijn einde er bijna is, ontdek ik – of eerlijk gezegd, ik laat de gedachte toe – dat de mensheid helemaal niet zo uniek en bijzonder is, de mensheid is bijna een gênante vertoning voor de planeet aarde,' zei hij met zachte stem.

Het trieste was dat ik, hoewel ik nog niet aan het einde van mijn leven stond, er vaak bijna net zo over dacht.

In de kliniek constateerde de chirurg dat het nietje in mijn bot dat destijds de botdelen aan elkaar moest houden, was losgeschoten en nu ronddwarrelde in mijn knie en af en toe ergens tegenaan prikte. Er was geen direct gevaar, behalve dat het pijn deed. Maar wanneer het nietje elders in het lichaam kwam, kon het levensgevaarlijk zijn, dus het moest worden verwijderd. Dit nietje werd echt een 'vergeet-me-nietje'.

Ik was blij dat ik tenminste een verklaring voor de pijn kreeg. Maar een operatie nu was onmogelijk, helemaal hier, zo ver van huis en haard, terwijl de kosten niet door mijn verzekering zouden worden vergoed. Ik besloot de operatie in Nederland te laten doen wanneer ik geen optredens meer had, maar dat is pas in augustus 2003. Tot die tijd, zei de dokter, kan het wachten, als het nietje maar in de knie blijft. Dus om de drie maanden moet er een röntgenfoto komen.

In de wandelgangen kwam ik de man met de pruik weer tegen. Hij had nog hoop. Hij zei: 'Je schrok van een kabinet dat is gevallen, maar de schoonheid van het afscheid van prins Claus moet je juist zeer gelukkig hebben gemaakt.'

'Dat klopt, het was een mooi afscheid, eentje om voor altijd te herinneren, dus niet aan de oceaan besteed.'

'Of aan de politiek, want die heeft ook geen geheugen.

Daardoor herhalen vele ellendige gebeurtenissen zich,' zei hij resoluut.

En toch vroeg ik me af: heeft de politiek geen geheugen of een selectief geheugen?

'Nee, jij bent geen echte jood, want je vader is joods en niet je moeder, en joods-zijn gaat via de moeder. Daarom willen de meeste joodse mannen joodse vrouwen,' zei mijn leraar tegen mijn joodse cursusgenoot Hannah. 'Wat een onzin, natuurlijk ben ik joods. Ja, mijn vader is joods en niet mijn moeder, maar de ironie blijft dat als ik tijdens de Tweede Wereldoorlog had geleefd, ik net zo goed naar de gaskamer had gemoeten. Toen maakten ze echt geen onderscheid tussen halve en hele joden,' zei Hannah heftig.

Daar had de leraar niet van terug, volgens mij is dat een feit.

De leraar keek me streng aan, alsof ik geen recht had naar dit gesprek te luisteren. Ze wist dat ik er eventueel een column over kon schrijven, en ze had gelijk, want dat was het eerste wat in me opkwam: ik moet deze zin onthouden om tot een antwoord te komen.

Niet dat mijn antwoord daar nu echt iets aan kan toevoegen. Sommige feiten zijn gewoon feiten. Wat daaraan nog toegevoegd kan worden, zijn eigenlijk alleen maar vragen.

Zo vraag ik me af waarom het zo is dat het joods-zijn via de moeder gaat. Een geloof dat via de lijn van de moeder voortgezet kan worden, dat begrijp ik niet. Ik heb het aan mijn joodse vrienden gevraagd, maar velen weten het zelf ook niet. Natuurlijk moet iemand het echt weten, maar dan nog blijft het vaag. Ik probeer te begrijpen dat een moeder altijd zekerder is dan een vader, in die zin dat nooit betwijfeld kan worden dat het embryo in de buik van de desbetreffende vrouw is gaan groeien, en dat het vaderschap lang niet altijd een zekerheid is. De enige echte waarheid is altijd de moeder...

Toen mij dit voor het eerst werd uitgelegd, had ik er moeite mee het te begrijpen, en nog altijd moet ik erg mijn best doen. Ik vroeg aan Hannah wat zij ervan vond, en ze herhaalde haar woorden: 'Joods-zijn is niet alleen een geloof, het is ook een soort ras, en dat gaat via de moeder. Maar mijn ironische theorie blijft van toepassing.'

Ik respecteer ieders mening en uiting rond welk geloof dan ook, maar ik eis ook respect terug voor mijn manier van geloven. Ik mag, zegt mijn hartsvriendin Marianne, niets eisen in het leven; ze weet dat ik diep teleurgesteld kan zijn omdat niet iedereen elkaars geloof respecteert. De luxe van respect 'verwachten' is al te hoog gegrepen, laat staan dat je dat kunt 'eisen', maar toch doe ik het.

Inmiddels liep ik nog steeds met mijn ketting rond met de davidster, het kruis en het Arabische teken voor Allah.

'Weet je dat Jeffrey dezelfde ketting heeft samengesteld?' vroeg ze mij ondeugend. Nee, dat wist ik niet. 'En waarom heeft hij dat gedaan?' vroeg ik verbaasd. 'Omdat hij jouw theorie over alle geloven deelt en ook voor een mondiaal geloof is.'

Jeffrey is Tibetaan en boeddhist, maar ik denk dat de ideologie van alle geloven samen hem heeft geraakt. Ik was verbaasd dat het zo snel kon gaan om minstens één persoon hetzelfde gedrag te laten tonen, binnen drie weken, zonder campagne te voeren.

Nu begreep ik hoe snel de vele sektes konden groeien. Sinds ik in New York ben, ben ik vele malen aangehouden door een bepaalde sekte; van hare krisjna's tot de Moon-sekte. Een kennis van mij heeft haar zoon verloren aan een sekte. Hij werd er eigendom van uit eigen vrije wil, dus echt eigendom kon je het niet noemen, maar dat vond zijn moeder wel.

Ook ik merkte dat ik die behoefte kreeg en heb een dag

besteed aan de scientologychurch. Niet dat dat een sekte is, het is meer een ideologie van alle geloven, het gaat meer over je eigen ik dan over al het opgelegde. Boeiend was het zeker.

De stad inspireert je en biedt veel, maar kan je desondanks ook opzuigen en tot eenzaamheid brengen, want vrienden of zelfs kennissen maken doe je niet zo gauw.

Ik waardeer het dat wanneer ik een boek zoek over Beckett, er een hele boekwinkel bestaat met theaterboeken. In Nederland moet ik zo'n boek vaak eerst bestellen. Zo'n 'dramawinkel', met het volle aanbod van theater, literatuur en musea, al dat soort zaken zijn bijzonder en gemakkelijk, maar desondanks biedt de stad geen toegankelijkheid.

Wellicht logisch: de stad heeft ons ook nooit een rozentuin beloofd. Je oogst wat je zaait. Als we hectiek, drukte, rijkdom, armoe, cultuurbarbaren, racisten, goddelozen, socialisten, fascisten, egoïsten en verdwaalden zaaien, dan kunnen we toch geen ander beeld verwachten. Het vreemde is wel, nu ik al die woorden bij elkaar zet: ik heb het eigenlijk maar over één soort, en die is de mens. En het is niet meer dan logisch dat wij mensen bij elkaar horen. We vinden van alles van elkaar, we wijzen graag naar elkaar, maar het blijft een feit dat we elkaar broodnodig hebben. In de biologie is het bewezen dat wanneer je een baby de eerste drie maanden na de geboorte niet zou aanraken, deze kan sterven van verlangen naar de warmte van een ander lichaam. En die warmte kent nog altijd geen ras of geloof.

James Dean heeft ooit gezegd: 'Droom alsof je het eeuwige leven hebt, maar leef alsof je morgen zult sterven.' Een beter motto kan ik me voor de eenheid van de mensheid niet voorstellen.

Zeker weten

Gisteren ben ik drieëndertig geworden. Jaren gaan maar voorbij, en elk jaar tel je verder. Niet dat je een andere keus hebt. Je kunt natuurlijk achteruit gaan tellen, maar je hebt het niet voor het zeggen.

Ouder worden is niet het vervelende, met de jaren wijzer worden soms wel, wanneer je je realiseert dat je sommige dingen anders zou doen als je het over kon doen.

Ik stond op in een melancholische stemming. Iedereen die me belde om me te feliciteren, kon me aan het huilen maken. Nadat ik een kaart had gekregen met de tekst: 'Dat je maar heerlijk met de wind mee gladjes door het leven mag blijven schaatsen, van hier naar Heerenveen en terug en verderop', begon ik nog harder te huilen.

Vervolgens stond er in de gang een groot herfstboeket met oranje rozen, en een hogedrukspuit om mijn terras schoon te houden. Dit was van mijn lieve vriend, inmiddels mijn ex-vriend. Toen hij me van het weekend het terras zag bezemen, terwijl ik de zwarte modder maar niet van de tegels af kreeg, moet hij dit cadeau hebben verzonnen. On-ze hond, die we samen hebben gekocht, heeft nog altijd het roedelgevoel en ziet ons als één. Hij begon te kwispelen en te spelen met de bladeren. Dit tafereel deed het lijken alsof we weer samen waren, maar dat dacht alleen onze hond, wij wisten beter. Als de passie voorbij is, kun je broer en zus van elkaar worden. Dat is misschien een mooie basis om door te gaan als je vijftig of zestig bent, maar op je der-tigste is dat alleen, zonder passie, niet voldoende. Natuur-lijk heeft elke leeftijdsfase haar eigen behoeften en wensen, en voor mijn volgende fase kon ik niet besluiten. Ik kon nu alleen voor de huidige fase beslissen, en dat was afscheid.

Pijnlijk voor het moment, maar het beste voor elkaar.

Ik huilde, huilde en kon alleen maar huilen. Mijn huidige vriend begreep niets van zijn nieuwe vriendin. Hij vroeg: 'Waarom huil je eigenlijk?' Ik zei: 'Melancholie.' Maar dat woord alleen was te vaag voor hem. Dit waren momenten waarop je je diepste gevoel moest vertalen in woorden, en soms was niet vertalen maar alleen voelen mooier. Ik voelde zo veel, ik voelde geen ongeluk, maar waarom huilde ik zo veel en hard als het gevoel geluk was?

En toen wist ik het. Het voelde alsof ik naar een film keek, opeens zag ik mijn hele verleden als een film voor mijn ogen voorbijgaan: het kind dat volwassen en een vrouw werd, en nu een voldaan gevoel had. Het was net als 'een gelukkig einde' van een film, dat je ook tot huilen kan brengen. Toch kwam de melancholie van veel meer. Ik had de hele nacht met mijn vader gesproken in mijn droom. Ik kon me niet meer herinneren wat hij allemaal had gezegd, alleen dat het gesprek heel lang duurde en me ontroerde.

De dag dat je geboren bent, vier je elk jaar opnieuw. Waarom eigenlijk? Omdat we zo blij zijn dat we geboren zijn – waar we niet om gevraagd hebben – of om te vieren dat je leeft?

Mijn vriend vroeg of ik depressief was. Nee, dat was ik niet, echt niet, ik was melancholisch, dat was alles. Misschien is het de verwachting van een verjaardag, je wordt geprikkeld door ieder die je lief is en in je leven is.

Wel had de drieëndertigste verjaardag voor mij een andere betekenis. Drie is mijn geluksgetal en twee drieën naast elkaar, dat moest toch wel veel met zich meebrengen, zo stelde ik me al jaren voor. En nu is het zover. Ik verwacht grote hoogte- en dieptepunten van deze leeftijd, wat onzin is natuurlijk, maar ik kom maar niet van dit gevoel af.

De komende vier dagen zou ik optreden in De Kleine Komedie, en ik kon me voor het moment geen leuker uitje op mijn verjaardag voorstellen. Mijn verjaardag vieren met vijfhonderd man, dat had ik nog nooit gedaan, dat moet toch een goed gevoel zijn.

Mijn nieuwe vriend aaide over mijn gezicht, en zijn vinger zag er onfris uit. Hij is half Engels en half Turks. Hij had een zwarte wijsvinger, want hij heeft vorige week meegedaan aan de Turkse verkiezingen. Het zwart maken van een vinger na het stemmen is het toppunt van onderontwikkeling maar ook van veiligheid en zekerheid. Zo ziet iedereen dat je je stem hebt gebruikt en mensen kijken elkaar aan als je niet hebt gestemd. En je kunt je stem maar één keer uitbrengen, ook dat is controleerbaar. Zelfs ministers worden erop aangekeken als ze geen zwarte vinger hebben.

Toen hij een paar dagen geleden in Engeland was, dachten ze daar dat hij zijn vinger had bezeerd. Met enige gêne vertelde hij wat de werkelijke reden was. Zelfs voor mij was het nieuw en raar. Ik heb nog nooit in Turkije gestemd. Met mijn half Turkse, half Engelse vriend kon ik het half-Turkse en half-Nederlandse intens delen, en dat was bijzonder. Al was zijn moeder Engels en waren mijn beide ouders Turks, ik kon me toch met 'half-Nederlands' betitelen en zonder titel kon hij dat wel horen en voelen.

Bij mijn vorige vriend wist ik zeker dat ik met hem oud wilde worden, en ik zou nu bijna kunnen zeggen dat ik zeker weet dat ik met mijn huidige vriend oud wil worden. Maar iets zeker weten over je gevoel van morgen, dat kan niet. Dat heb ik inmiddels wel geleerd met de jaren.

Denk ik?

Op een dag zegt een schaap tegen zijn maatjes in de kudde: 'Ik heb het helemaal gehad met dit volginstinct. Ik ben het zat: ik stop vanaf nu met volgen.' Een ander schaap zegt: 'Ik ook.' Weer een ander schaap: 'Ik ook.' 'Ik ook, ik ook, ik ook,' roepen vervolgens alle schapen. Op zo'n moment vraag ik me af: waarin verschillen wij van de schapen? Mijn verstand zegt dan: ons verstand. En dan moet ik heel lang nadenken over deze verstandige opmerking.

Er bestaan natuurlijk altijd volgers en leiders, of leiders die zich voordoen als volgers of volgers als leiders, maar vroeg of laat komt alles uit.

Mijn nichtje heeft me de Turkse krant *Hurriyet* opgestuurd. Op de voorpagina staat een grote foto van de nieuwe minister-president en zijn vrouw, die half gesluierd is. Haar grote zorg was of andere vrouwen haar zouden gaan volgen, want als first lady gaf ze nu wel een voorbeeld. En Turkije heeft door de enorme economische crisis de afgelopen drie jaar zo'n schade geleden, dat velen nog armer zijn geworden. De enige hoop moest bij God gezocht worden; dat was wellicht de reden dat vijfendertig procent op de islamitische partij heeft gestemd. Ook begreep ze de gedachte: geef mij maar werk en eten, daar draag ik wel een hoofddoek voor. Dat vind ik te ver gaan: mensen hebben toch hun verstand.

Intussen lees ik de Europese kranten, die ook van alles denken en schrijven over Turkije. Maar wat ik er ook over lees of hoor, meestal negatief, ik blijf denken dat het wel mee zal vallen.

Acht jaar geleden heeft Turkije een vrouwelijke premier gehad, Tansu Çiller. Volgens haar campagne een uiterst moderne, ontwikkelde, intelligente en hoopvolle vrouw. Voor het imago in Europa klonk het heel geëmancipeerd en ontwikkeld dat Turkije een vrouwelijke premier had, maar de beloften van haar campagne zijn toen niet waargemaakt. Overigens niet alleen in Turkije, overal in de wereld is zowel de politiek als de natuur in beweging. Wanneer ik op de site van de nieuwe Turkse partij kijk, belooft die ook heel veel, en ik hoop dat ze waarmaakt wat ze belooft.

Mijn broer had andere zorgen. 'Als ze het niet waarmaken en Turkije wordt echt radicaal fundamentalistisch, dan grijpen de militairen in en loopt Turkije weer dertig jaar achter. En zo ontwikkelt Turkije zich maar trager en trager. Daarom wilde Bush natuurlijk zo graag dat die partij mee zou doen aan de verkiezingen, want zolang Turkije achter blijft lopen, heeft Amerika meer macht over het land,' zei hij ongerust.

'Maar Bush had gelijk,' zei ik. 'Als je voor democratie bent, dan moet elke partij mee kunnen doen aan verkiezingen, ook de fundamentalisten en de Koerden. Het is zelfs zo dat in een democratische staat het niet meer dan logisch is dat je je geloof mag uiten, welk geloof dat ook is. En dat is in Turkije tegenstrijdig: enerzijds is er democratie en aan de andere kant zijn in de overheidsgebouwen en op universiteiten de hoofddoeken verboden.'

'Je wilt toch niet beweren dat je voor hoofddoeken bent?' Nee, dat beweer ik niet. Ik zie liever hoeden, maar dat heeft niets met geloof te maken. Ik ben opgegroeid met een opa die imam was, en als hij uit de koran voorlas, dan was dat het mooiste wat ik hoorde. Hij vertaalde de koran naar het heden. En een hoofddoek zag hij als bescherming tegen de hitte, voor mannen en vrouwen. Daarom zie je de mannen in Saoedi-Arabië ook met een hoofddoek lopen. Dat de vrouw niet veel alleen mocht doen, verklaarde hij uit het verleden. In die tijd was de woestijn, met rovers en karavanen, een gevaar voor een vrouw alleen. Hij voegde er dan altijd aan toe: 'Dit mag ik niet zeggen, maar eigenlijk hadden de profeten bij het schrijven van het geloofsboek er ook een vervaldatum bij moeten zetten. Tijden veranderen drastisch doordat mensen veranderen. Dus wat is het nut om aan een tijd vast te houden die al voorbij is?'

Mijn opa had tweeëndertig kleinkinderen, en met z'n allen luisterden we uren aandachtig naar hem, alsof hij de redder van de wereld was. Hij was immers al honderdacht jaar oud, híj moest het toch echt wel weten. Uiteindelijk is mijn opa honderdtien geworden en hij wist het natuurlijk ook niet allemaal, maar nog altijd blijven zijn zinnen mij bij.

'Maar Nil, je begrijpt toch wel dat de wetten over hoofddoeken in openbare gebouwen nu zullen veranderen?' Ja dat begreep ik, maar ik kon het gevaar daarvan maar niet inzien. Was ik te naïef of was ik doorgedraaid in het democratisch denken?

Mijn vriend vindt dat democratie gebruikt moet worden om volkeren in vrijheid te laten leven en niet om ze te onderdrukken, zeker niet met het geloof. Daar was ik het mee eens, en opeens had ik een heel rare gewaarwording: als de radicale fundamentalisten hun eisen doorvoeren in naam van de democratie, dan klopt het helemaal niet meer, want in een fundamentalistische staat is er helemaal geen democratie. Dan heersen de eisen van het geloof. En dat is een dilemma in een dilemma in een dilemma. 'Maar zover komt het niet!' zeiden mijn broer en mijn vriend tegelijk.

'Waarom maken jullie me dan zo bang?'

'Nou,' zei mijn broer, 'herinner je je die schapen die elkaar volgden?'

'Ja,' zei ik.

'Eén schaap zei: "Ik ook... denk ik." '

Rijk aan fantasie

Wanneer denk je dat je echt iets weet van kunst en wanneer weet je echt dat je die liefhebt? Toen ik ooit met de campagne 'Help de Russische kinderen de winter door' bezig was en voor het eerst in Leningrad (nu St. Petersburg) het Hermitagemuseum bezocht, was ik eenentwintig. Een museum wordt je niet aangeleerd – of toch wel?

Als je jong bent, vind je een museum vaak niet leuk, of misschien wel leuk maar saai. Nu moet ik eerlijk toegeven dat vele van de duizenden schilderijen die in de Hermitage hingen, mij terugbrachten naar een tijd die ik niet kende. Maar ik werd er wel depressief door. Wellicht kwam dat vooral door de donkere kleuren.

In de Hermitage greep een groep jongeren mij meer aan dan de schilderijen. Ze stonden met z'n allen naar een groot doek te kijken en luisterden naar wat de rondleider vertelde. Ik stond achter hen, keek naar hun ruggen en luisterde mee. Na korte tijd had ik in de gaten dat dit een bijzondere groep was. Ze waren allemaal blind. Toen kwam er een grote vraag in me op: wat zien de blinden in godsnaam in een doek dat ze niet zien?

Het antwoord was mooier dan welk schilderij ook. Ze schenen hun eigen fantasie te zien. Sommige schilderijen mochten ze voelen en vele niet, maar puur door de uitleg konden ze hun gedachten erover transporteren naar beelden in hun hoofd.

Ik vroeg aan een blinde jongen of zij ook droomden. 'En óf we dromen,' zei hij. 'Maar als je vanaf je geboorte al blind bent, hoe kun je dan de beelden vormen in je hoofd zonder de beeltenis te kennen?' 'Dat heet fantasie,' zei hij, 'weet je, misschien is de echte blindheid wel als je niet kunt fantaseren, want zolang je kunt fantaseren en dromen en durft te voelen, is zelfs een blinde niet blind.'

Wanneer ik nu naar een doek kijk, en mijn gedachten laat gaan, herinner ik me mijn eerste museumbezoek, op mijn dertiende, met mijn moeder. Ze nam me mee naar het museum in Ankara, waar onder meer de schilderijen hingen van Atatürk, de vader der Turken. Alleen de schilderijen over de tijd dat hij het Arabische alfabet liet vervangen door het Latijnse alfabet interesseerden mij, en dat alleen omdat ik die begreep, want op school had meester dat uitgelegd. De rest zei me niets.

Mijn liefde voor schilderijen en die voor musea zijn allengs gaan groeien. Toen ik op mijn vijfentwintigste in het stedelijk museum in Cairo stond, ging een wereld voor me open, wellicht door het mysterie van de mummies, de gewaarwording in het verleden te kunnen stappen. Het verleden leeft in het heden, mede dankzij een museum. Wellicht speelt mee dat hoe ouder je wordt, hoe meer je het verleden waardeert. Als kind wil je ook alleen maar vooruit, ouder worden en erbij horen.

Wel heb ik nog steeds moeite bij elk schilderij te lezen wat het weergeeft, ik vind het veel interessanter wat een schilderij met mijn geest doet: waar brengt het doek mij naartoe? Naar welke tijd, naar welke plaats, welke gevoelige snaar weet het doek bij mij te raken? Dat vind ik belangrijker dan waarom het doek is geschilderd.

Maar dat is mijn mening. Ik heb een zus en die wil helemaal niet nadenken bij een schilderij. Die geniet weer van de uitleg: waarom en waarvoor en in welke tijd is een schilderij geschilderd.

Vorige week was ik in het Rijksmuseum. Ik was daar om een tulp te dopen. Het Rijksmuseum bereidt een tentoonstelling voor van de schilderijen van Jean-Baptiste Vanmour, die in opdracht van de Nederlandse ambassadeur in Istanboel het leven aan het Ottomaanse hof in het begin van de achttiende eeuw heeft geschilderd. Alle schilderijen van toen zullen in het voorjaar worden tentoongesteld. Ter gelegenheid van de expositie werd een tulp gedoopt, vernoemd naar het paleis van de sultan, Topkapitulp.

Tulbend is een fijn geweven katoenen doek waar de sultans tulbanden mee vormden op hun hoofd. Het woord 'tulbend' is verbasterd tot 'tulband' en uiteindelijk tot *'tulip'* dus 'tulp'. Toen de bloem in de zestiende eeuw voor het eerst naar Nederland kwam, is de vraag naar tulpen op hol geslagen en ontstond een tulpmanie. Er is zelfs ooit vijfduizend gulden voor een bol betaald. Reden genoeg voor de calvinistische dominees de tulp toe te voegen aan de lange lijst van gevaarlijke ijdelheden.

Volgens de dominee was de tulp een secundaire behoefte. Maar eeuwen later diende de bloem als primaire behoefte, als voedsel in de hongerwinter tijdens de oorlog. Toen ontstond een ware kweekrage. De tulp zou de tulp niet zijn geweest als hij altijd in Turkije was gebleven. Mijn tante was verbijsterd toen ze hoorde dat men hier tulpenbollen heeft gegeten, dat had ze nooit geweten.

De Ottomaanse tijd was tevens de tulpentijd, Lale Devri, een soort Gouden Eeuw voor het rijk. Deze schilderijen brachten me terug naar een Ottomaanse tijd die ik niet heb gekend, en waar ik gek genoeg ook niet naar verlang, hoe rijk die ook was.

Wel vond ik het jammer dat Turkije die rijkdom niet meer heeft. Maar fantaseren over rijkdom aan geld doet denken aan een hongerige kip die droomt dat zij in een maïspakhuis opgesloten zit.

Een boot vol gezelligheid

Gisteren heb ik drie grote kerstbomen gekocht. Nu ik een tuin heb, kunnen ze daar staan, zoals mijn vader wilde. Een dennenboom in huis vond hij het belachelijk maken van de boom, en die ballen en lichten erin vond hij letterlijk spotten. 'En dan kun je het wel een kerstboom noemen in plaats van wat het is, maar het blijft een stukje van de natuur dat je in huis verloochent, net als bij het nemen van een hond in huis,' zei hij dan.

Nu hij is overleden, denk ik aan vele dingen die hij vroeger zei, en die ik toen als 'onzin' betitelde. Maar nu, helaas te laat, merk ik dat het helemaal niet zo'n onzin was. Een boom in huis met ballen en lichten, ja, het is inderdaad niet zo'n eerbetoon aan een goede den... Maar ik heb ook nog mijn moeder in mij, ik heb een hond en ik vind een dennenboom, betiteld als 'kerstboom', gezellig in huis. Hoewel velen daaraan geen deel meer kunnen hebben, zoals – God hebbe zijn ziel – Boudewijn Büch, is gezelligheid toch ook wat we zoeken. Het is natuurlijk de vraag hoe je gezelligheid invult. De een doet dat achter zijn begonia's met een kopje koffie, de ander met zijn boeken en platen en een glas wijn, weer een ander bij een glas whisky met zijn maatje...

Als ik ze zo op een rijtje zet, zit er bij iedere vorm van gezelligheid wel drank, en ik denk dat mijn gezelligheid ook daarmee begint, met samen drinken en eten in een sfeervolle kamer, met kaarsen of kerstlichten... Dus zowel bomen in de tuin als eentje in huis zullen mij met kerst bijstaan.

De kerstbomenman bij wie ik altijd mijn kerstbomen koop, vroeg: 'Mijn kerstbomen brengen echt geluk, hè?'

'Ja,' was het eerste wat bij me opkwam. En later, toen ik erover nadacht, klopte het ook, ik was toch wel gelukkig, denk ik...

'Zullen we ze bezorgen na sinterklaas?' vroeg hij. 'Doet u het maar morgen, dan kunnen ze vóór de vorst de grond nog in. En de lichtjes doe ik er dan na sinterklaas in, als eerbetoon aan de sint.' 'Ja, dingen brengen geluk als je alles om je heen respecteert.' 'Wat je zaait, dat oogst je ook,' zei ik.

Ik merkte dat ik dit soort kleine praatjes wel vaker had, en ik merkte zelfs dat ik vaak mijn geluk daaruit haalde, heel kleine momenten waarop ik me begrepen voel.

Mijn nieuwe vriend, die alleen in de weekeinden bij mij is omdat hij doordeweeks in Engeland en in Turkije woont, begreep er niets van dat de lichten pas na 5 december in de bomen mochten. Mijn vroegere Nederlandse vriend leerde mij gedichten schrijven en ik moest hem uitleggen wat het Turkse suikerfeest betekent en nu had ik een half Engelse, half Turkse vriend aan wie ik moest uitleggen wat sinterklaas is.

Toen ik hem een chocoladeletter gaf, vroeg hij waarom mensen elkaar letters gaven. Ik denk dat vele Nederlanders daar niet eens meer over nadenken. Het is gewoon zo gegroeid. Maar dat klonk veel te leeg. Dus verzon ik een verhaal: 'Dat komt omdat Sinterklaas volgens de Nederlanders uit Spanje komt.' 'Dat is helemaal niet waar, hij komt uit Turkije,' verdedigde hij. Ja, dat klopt, maar dat wisten de Nederlanders niet, en dat willen ze eigenlijk nog steeds niet weten, want je kunt een sint die sinds mensenheugenis traditioneel uit Spanje komt, toch niet vanaf 2002 uit Turkije laten komen, dan raken al die kinderen en volwassenen in de war.

'Ja, maar raken ze sowieso niet in de war als ze op een dag ontdekken dat hij niet meer bestaat?' 'Ja, dan raken ze in de war, maar dat is weer een ander verhaal. Maar goed, hij kwam dus uit Spanje, en omdat hij het Nederlands niet beheerste, begon hij letters te geven aan mensen om toch een communicatievorm te hebben. Daarom schrijven mensen hier gedichten aan elkaar, om te zeggen wat ze willen zeggen, wat ze het hele jaar niet durfden te zeggen, snap je?'

Ik verwachtte geen ja, maar wat hij zei, verwachtte ik helemaal niet. 'Ik heb in het boek *Undutchables* gelezen dat Nederlanders juist alles met bloemen zeggen.' 'Ja ook, maar zo'n gedicht is toch anders.'

'Ik zal er eentje voor jou schrijven,' zei ik. Maar dat viel zwaar tegen in het Engels of Turks. En niet alleen het dichten was zwaar, het uitleggen van zwarte Piet was bijna onmogelijk.

Uiteindelijk heb ik voor hem maar een stukje vertaald uit het boek van Herman Vuisje, *Typisch Nederlands*. Over zwarte Piet stond er: 'Bij de eerste officiële intocht in Amsterdam werd de sint vergezeld door als zwarte Piet uitgedoste Surinaamse schepelingen die men in de haven gevonden had. In de loop der jaren groeide tussen het duo een praktische taakverdeling. Sint, die zijn carrière begonnen was als angstaanjagende kinderschrik, werd steeds meer de vriendelijke goedheiligman en goede heer. Piet nam de rol van boeman over.

De groeiende gevoeligheid op etnisch gebied maakte een koeterwaals pratende zwarte man tot een bedenkelijk verschijnsel. Er kwamen experimenten met bonte en blauwe Pieten. Een politiek correcte sint doet er eigenlijk het verstandigst aan helemaal zonder Piet te verschijnen.'

'Snap je het nu?' vroeg ik hoopvol. Nee, hij begreep het nog steeds niet.

Ach, weet je wat, het is toch allemaal raar, laten we maar de lichtjes alvast ophangen, begint de gezelligheid met sint al... Ik ben mijn vader en mijn moeder, ik ben niet minder en niet meer...

Miss World: een mooi cadeau

Woensdag vielen sinterklaas en suikerfeest samen. Vele leraren klaagden dat de kinderen van Marokkaanse en Turkse afkomst kozen voor het suikerfeest en niet voor sinterklaas; ik kreeg zelfs e-mails met de vraag wat ik daarvan vond. Ik moest aan de woorden van Boudewijn Büch denken: 'iedereen heeft maar een mening'.

Ik dacht: wat maakt het uit wat ik ervan vind, het gaat toch om wat die kinderen en die ouders ervan vinden? Maar sommigen hebben gewoon behoefte aan andermans mening, om zelf een mening te kunnen vormen of hun mening te laten hervormen. Ik schreef dus een antwoord terug.

'Ik denk dat Sinterklaas niet echt serieus wordt genomen omdat hij niet bestaat, en het suikerfeest is bittere ernst. Het is niet zomaar een feest, maar vooral eentje om te vieren dat je de hele maand hebt gevast, hebt geleerd wat het is om honger te lijden en armoe te kennen – en het einde van die honger is suikerzoet. Het is ook vooral een familiefeest, iedereen komt bij elkaar, vijanden worden weer vrienden, het is tijd voor verzoening.'

Dat had ik niet moeten doen, want er kwam nu een raardere en vooral naardere reactie terug.

'Laat ze dan oprotten, als ze niets om onze Sinterklaas geven en alleen om hun suikerfeest.'

Dit antwoord ging mijn petje te boven. Toch legde ik de afzender uit dat 'onze Sinterklaas' uit Turkije komt. Dat mocht ik willen, volgens hem.

Ik begrijp dat men liefde en begrip wil voor het land waarin men leeft, volledig mee eens, maar als iemand een keuze moet maken tussen twee culturen, zal altijd iemand teleurgesteld zijn. Ik kan die keuze voor niemand bepalen en niemand kan dat voor een ander. Alleen een ouder kan dat voor zijn kind bepalen, en daar verandert niemand wat aan.

Ik zou, als ik kinderen had, mijn kind absoluut laten genieten van de sint; het duurt al zo kort dat we mogen geloven in sprookjes. Dus om kinderen zo'n sprookje te ontnemen, vind ik een slecht idee, maar wie ben ik? Een publiek figuur die via haar columns en voorstellingen haar meningen uit, maar uiteindelijk luistert iedereen naar zijn eigen gevoel en verstand – het is gelukkig een democratische staat. En de ene Turk is de andere niet.

Gelukkig laat Miss World uit Almelo dat ook zien...

'Voor een Turkse zie je er best goed uit', is een compliment dat ik vaak heb gekregen. Maar nu Miss World een Turkse is, en dan nog wel één uit Almelo, hoef ik misschien dit twijfelachtige compliment niet meer aan te horen.

Ze heeft mijn droom waargemaakt. En al verliep mijn droom iets anders, het einde is hetzelfde. Ik droomde dat ik in Friesland terechtkwam en al heel gauw leerde schaatsen op houtjes en noren. Ooit zou ik een gouden medaille winnen op de Olympische Spelen, in naam van Nederland en een beetje Turkije. Dan had Turkije ook wat, want ze hadden nog nooit goud gewonnen met schaatsen. En nu maakt Azra zoiets mogelijk voor Turkije; ik denk dat Turkije nog nooit heeft gewonnen met Miss World-verkiezingen.

Ik kwam een lerares van vroeger tegen in de supermarkt. Ze zei: 'Nog gefeliciteerd hè?'

Ik begreep niet wat ze bedoelde.

'Zondag stond ik op. Overal toeterende auto's achter elkaar. Ik keek uit het raam en zag uit al die auto's een Turkse vlag hangen. Ik dacht, zouden ze weer gewonnen hebben met voetballen of zo? Later op teletekst las ik over

Miss World. Wat leuk voor jullie.' Ze klonk blij.

Mijn tante is overgelukkig dat de eer voor Turkije is. 'Wat een schoonheid is Azra, vind je niet?' vroeg ze dolenthousiast door de telefoon. Dit was dezelfde tante die mij eergisteren vertelde dat het heel slecht ging met de zaken van mijn oom – de economische crisis duurde al zo lang dat het bijna niet meer uit te houden was.

Mooi was het om te zien hoe zoiets kleins en in feite onbelangrijks – want zeg eens eerlijk: hoe belangrijk is uiterlijke schoonheid in een wereld waar alles fout gaat – mensen met wanhoop gelukkig weet te maken en zelfs hoop geeft. Mijn tante zei: 'Turkije heeft zich bewezen met voetballen en nu met de Miss World-verkiezingen, jaaa, we komen echt wel in de EU...'

Dit is wat ik zo bijzonder vind aan Nederland. Nederland mag trots zijn op zijn onderwijs en ik hoop dat ze er alles aan doen om het op peil te houden. Het feit dat Azra vier talen spreekt en zo goed is ontwikkeld, heeft ze aan zichzelf, maar bovenal aan Nederland te danken. In Turkije had ze met het gewone onderwijs nooit zo goed haar talen gesproken – helaas is het taalonderwijs in Turkije zeer slecht.

Mijn nichtje is apotheker, maar ze heeft zo slecht Engels op de universiteit gehad, dat ze amper in die taal kan communiceren; mijn neef, een econoom, idem dito.

En hier, ook al ben je een kind van een middenstander of zelfs arm, krijg je in elk geval goed onderwijs.

En zolang dat goed blijft, vind ik het toch minder zorgelijk dat de kinderen op school voor het suikerfeest kiezen en niet voor sinterklaas.

'Ik ben getrouwd met de leukste man van de hele wereld. Hij is echt de leukste man, maar hij heeft een broer en die is getrouwd met een vrouw, die dus mijn schoonzus moet voorstellen, en dat is echt een vreselijke vrouw. Ik heb geen idee hoe ik met haar moet omgaan. Ze is arrogant en egoïstisch en heeft alleen interesse voor zichzelf. Ze denkt dat ze beter is dan ik en ze is nog gemeen ook. Ik doe echt mijn best om vriendschap met haar te sluiten en ik probeer te voldoen aan haar verwachtingen, maar ze blijft me negeren. Wat moet ik doen?' vroeg een goede vriendin aan mij.

Relaties, verwachtingen en voorwaarden die gesteld worden, zullen, denk ik, altijd moeilijk blijven om mee om te gaan. Soms kan het zijn dat de ander jou niet wil kennen of toelaten in zijn of haar leven, wat je ook doet. Het is al moeilijk om deze dingen in je kleine microleven goed toe te passen en als ik dit omzet naar een macro-omgeving, dan beland ik al heel snel bij het land dat Turkije heet, het land waar ik geboren ben.

Als je zo graag ergens bij wil horen en ze willen je niet hebben, en je blijft doordrammen omdat je ze nodig hebt, maar zij blijven weigeren omdat je niet aan de voorwaarden voldoet die zij stellen, wat doe je dan?

Dat is de positie waarin Turkije nu zit. Ik ben op dit moment in Turkije, sinds 11 december al, en het enige wat hier dagelijks in het nieuws was, was de bijeenkomst in Kopenhagen. Alsof men in Kopenhagen alleen de toelating van Turkije zou bespreken. Natuurlijk was het een van de belangrijkste agendapunten, maar er was meer dan de media in Turkije deden vermoeden.

De bijeenkomst in Kopenhagen werd in Turkije gebombardeerd tot een laatste oordeel. Die bijeenkomst zou de doorslag geven voor het wel of niet toetreden van Turkije tot de Europese Unie.

Het uiteindelijke antwoord werd verschoven naar 2004. In dat jaar gaat de EU kijken hoe Turkije het dan doet.

Op mij komt dit over als 'we zien wel'. Misschien een beetje meer, maar het is in elk geval geen belofte dat in 2004 Turkije toegelaten wordt. De Turkse kranten schreven dat Turkije heel veel huiswerk heeft meegekregen. 'We hebben twee volle jaren om ons huiswerk af te maken en dan worden we echt toegelaten.'

Dat 'echt toegelaten' is nog altijd twijfelachtig.

Terwijl Turkije hoopt door eventuele veranderingen uiteindelijk toch in de EU te komen, staat in de Engelse krant *Telegraph*, die mijn Engelse vriend dagelijks leest, een column, waarin staat geschreven dat Turkije zich nooit bij de EU mag aansluiten. Volgens de columnist is Turkije te groot en het land is ook nog eens een grote moslimstaat. Ook volgens de bisschop van Oxford zou Turkije zich niet mogen aansluiten vanwege de christelijke exclusiviteit van de EU. Misschien durfde de columnist te schrijven wat velen denken.

Maar hoe kunnen we, niet alleen als Europa maar als gehele wereld, ooit een humane eenheid vormen als alles maar wordt verdeeld in geloofscategorieën en de culturen die daaruit voortkomen.

Ik begin zelfs te begrijpen waarom ze alleen iets durven te zeggen over mensenrechten. Ze zijn natuurlijk bang om het geloof erbij te halen, want dan zouden de moslims hun tanden wel eens kunnen laten zien. En we hebben in het verleden helaas kunnen zien wat voor tanden dat zijn.

Zal ik het politieke spel ooit begrijpen? Of de enorme macht van het geloof?

Nu ik hier ben en dagelijks optrek met een antropologe die in Turkije een studie volgt voor een universiteit in

Frankrijk, hoor ik dat alleen al de verschillen tussen de mensen ín Turkije zo vreselijk groot zijn – een radicale moslim, een liberale moslim, eentje uit het oosten of uit Anatolië of van de zuidwestkust – dat je niet kunt spreken van een Turk. Al wonen ze met z'n allen in een land dat Turkije heet.

Ik denk dat het misschien wel slimmer is voor Turkije om, net als bijvoorbeeld Amerika, een Turkse eenheid te vormen, in plaats van ergens bij te willen horen. Turkije is een brug tussen Azië en Europa, en een brug hoort ook niet echt ergens bij; je moet gewoon zorgen dat je als brug heel sterk bent en goed functioneert.

Waarschijnlijk ligt daar het zwakke punt. Turkije is niet sterk genoeg, ondanks dat het land een geschiedenis heeft waaruit blijkt dat het al zo ontzettend veel heeft overleefd: het land is aan restauratie toe.

En zal Turkije het niet koud krijgen als het ooit zal worden toegelaten tot de EU?

Dat doet me denken aan een lief verhaaltje. Op een dag zegt een baby-ijsbeer tegen papa-ijsbeer: 'Papa, ben ik nou een echt ijsbeertje?' 'Ja zoon, je bent een echt ijsbeertje.'

Een uur later vraagt het ijsbeertje nog een keer: 'Papa, ben ik nou een echt ijsbeertje?' 'Ja zoon, je bent een echt ijsbeertje.' Een uur later herhaalt hij de vraag weer en papa wordt een beetje boos. 'Maar zoon, waarom vraag je dat toch steeds?' Waarop de baby-ijsbeer antwoordt: 'Ik heb het zo koud...'

Heerlijke kerst

Gisteren ben ik teruggekomen uit Turkije. De ontvangst op Schiphol was meer dan verbazingwekkend. Er stond een grote kerststal op Schiphol Plaza. Dit was de origineelste kerststal die ik ooit had gezien. Het was een echte, echt in de zin van levend. Er stond een huisje met een hek eromheen, overal lag stro, en er waren ganzen, eenden, een lama, een koe, een ezel en zelfs een babyezel, geiten, schapen en lammetjes. Er was een man die Jozef nadeed en er was een vrouw die als Maria was gekleed. Ook stond er een wiegje met een baby erin, alleen die was nep. Eerst vond ik het een mooi symbolisch gezicht, terug naar de herkomst, waar kerst vandaan komt, maar algauw vond ik het tafereel belachelijk.

Ondanks de mooie aanblik vond ik het zielig voor de dieren die daar op een heel kleine oppervlakte bij elkaar gestopt waren. Het babyezeltje en de lammetjes wisten misschien niet beter, maar als dat zo is, dan hadden ze ook een echte mensenbaby moeten nemen. Waarschijnlijk heeft de mens als baby meer rechten dan een babydier. Velen vinden dit logisch, maar wat geeft ons het recht nog altijd te denken dat wij mensen superieur zijn aan dieren? Elk onderdeel van de natuur is toch heilig, zo heilig dat we uiteindelijk verdwijnen in de natuur?

Ik vertelde dit aan mijn partner en een klein meisje dat naast ons stond, begon te huilen. Haar moeder troostte haar: 'Het valt best mee hoor,' zei ze, 'die dieren hebben het echt niet in de gaten dat ze hier staan.'

Ik kan het me toch echt niet voorstellen dat dieren stommer zijn dan mensen... Ik denk zelfs dat de dieren eerlijker en oprechter zijn. Ze zullen alleen aanvallen als ze moeten

eten of om zichzelf te beschermen.

Mijn partner vroeg: 'Maar dat is toch ook de reden waarom mensen elkaar aanvallen, om te kunnen eten? Daarom werken mensen: om geld te verdienen en in hun primaire behoeften te voorzien en om zichzelf te beschermen tegen alles wat een bedreiging lijkt te zijn.'

'Ja, maar dat doen we dan wel op een eigenaardige manier, dat eten. Daar komt geen eind aan; sommige mensen zijn gewoon onverzadigbaar. En niet alleen met eten, maar met materie en nog meer materie, waar ook geen einde aan zit. En verdediging tegen bedreigingen, dat is ook heel vreemd, want de mens voelt zich door bijna alles bedreigd, niet alleen door mogelijke aanvallen. Alles wat anders is dan in zijn denkbeelden, is al een bedreiging. Nee, ik denk niet dat we het goed kunnen praten.'

'Misschien niet, maar zie het niet zo bitter, niet met kerst.'

Ik zie het niet bitter, maar hoe kan ik ooit de werkelijkheid accepteren als ik haar maar blijf ontvluchten?

Ik weet dat voor de balans in de wereld alles een keerzijde heeft, ik weet ook dat het leven best zoet kan zijn, dat ontken ik ook niet. Want uiteindelijk heb ik toch door vallen en opstaan leren lopen, en heb ik sommige van mijn illusies op een oneindige vakantie gestuurd. En heb ik gewoon geaccepteerd dat sommige dingen zijn zoals ze zijn. Maar betekent accepteren de hoop opgeven op een verandering?

Misschien is dat wel het nut van feestdagen, dat je de gelegenheid krijgt na te denken, dankzij het goede, sociale, meevoelende, genietende, blije, vrolijke gevoel dat feestdagen geven, maar er is natuurlijk ook een tegengesteld gevoel bij alles wat mooi is. En misschien is dat nou net de kunst, om de balans ervan te vinden en toch blij te zijn met wat je hebt en niet hebt...

Wat wel het toppunt van tegenstrijdigheid was op Schiphol Plaza, was het feit dat naast de primitieve stal een meneer stond die gratis de juwelen van de mensen schoonmaakte. Mensen stonden in de rij, vanwege het woord 'gratis', en lieten hun juwelen schoonmaken. Een groter contrast kon ik me niet voorstellen. Maar ja, het was een feit, het één was het verleden en het ander de realiteit in het heden.

Schoonmaken van juwelen hebben we ook nodig, want je gaat toch niet met vuile juwelen de straat op, nee, dat doe je niet. Vuiligheid in woord en gedrag, dat kan, maar juwelen? Neeee, als je juweel maar schoon is...

Nee, ik mag niet spotten met iets wat goed bedoeld is, want dat geloof ik heilig, het is echt goed bedoeld van Schiphol Plaza om mensen een prettig kerstfeest te wensen op een originele manier. En origineel was het zeker.

En wie maakt zich nou druk om een paar dieren die daar staan, terwijl er zulke milieurampen zijn, en landen die elkaar het leven zuur maken, politiek die de macht van het levensspel minder serieus neemt en alleen maar meer macht wil. Ach, wat maken die paar dieren dan nog uit?

Ik ga niet cynisch worden, en zeker niet bitter, ik ben het mezelf en de natuur verplicht de rode draad in mijn hart en verstand nooit kwijt te raken, dus ik blijf positief edoch objectief.

En het is kerst, dus we 'moeten' vrolijk blijven. Volgens mij maakt vrolijkheid alles verdraaglijker. Dus rest mij gewoon iedereen een vrolijk kerstfeest te wensen, met veel eten, vooral veel eten, gezelligheid met kaarsjes en lichtjes en wijn, warmte en sneeuw.

Laat uw ster schijnen, en geniet van het licht dat de ster ook geeft!

'Een voorspelling van je eigen toekomst is al zo moeilijk'

Ik las in *Vrij Nederland* van deze week: 'Om het gezellig te houden kunnen ze beter een terugblik op een ander jaar uitzenden.' Zij hebben het over de terugblik op een jaar; achteraf kan je de dingen niet mooier maken dan ze zijn, maar een voorspelling voor het komende jaar hangt geheel af van je eigen illusie of fantasie. Ik haal vaak mijn fantasieën en illusies door elkaar; de een is een droombeeld en de ander is een denkbeeld dat men graag verwezenlijkt zou zien. Een voorspelling van je eigen toekomst is al zo moeilijk, terwijl je – mag je hopen – jezelf zo goed kent. Dus een voorspelling voor een land, Nederland in mijn geval en ook een beetje Turkije, is een gok: een op het aantal sterren aan de hemel.

En toch ga ik een gokje wagen zonder bitter te zijn: we gaan beseffen dat we klein zijn als land en het best groot voor elkaar hadden. En zo slecht was het nou ook weer niet. Het gaat slechter worden met Nederland door de normen van de EU; onze gulden deed het toch zeer goed? Met de euro is alles duurder geworden en men is er nog steeds niet echt aan gewend, men geeft bijna een euro uit als een gulden.

Leefbaar Nederland gaat leefbaarder worden onderling, geen idee wat de partij het land zal brengen: wat heeft ze eigenlijk gebracht na Pim? Turkije zal nog steeds niet worden toegelaten in de EU en dat kan ook niet want de volgende datum is immers 2004. Er zal nog altijd geklaagd worden over mensenrechten. Wel zal het land een nog belangrijkere functie krijgen door de strijd van Amerika met Irak, want ze hebben Turkije nodig als basis.

We zullen nog meer gaan horen over het geloof.

Men zal nog meer behoefte krijgen aan geborgenheid.

Jawel, het is me gelukt om zonder bitter te zijn een voorspelling te doen.

Een onvoorspelbaar en een onvoorstelbaar 2003 wens ik jullie toe!

Guldens in plaats van euro's.

Toen scrabble nog niet bestond, althans niet in ons huis, had mijn moeder zelf een spel bedacht. Dat speelden we thuis tijdens de saaie avonden. Dus bijna altijd als mijn vader naar voetbal keek en die wedstrijd, die hij op een videoband opnam, keer op keer bekeek.

Mama wilde mij dan amuseren door spelletjes voor me te bedenken. Eén spel werd mijn favoriet, zonder te beseffen dat dat spelletje ooit een grote rol in mijn leven zou spelen. Het spel bevat alle letters van het alfabet. Mama schreef dan alle letters op kleine papiertjes, vouwde die tot kleine blokjes en husselde die in een doos. Om en om kozen we een letter. Van die letter moest ik een woord maken en daarna een verhaal bedenken om dat woord heen.

Misschien heeft dat spel er wel voor gezorgd dat ik veel woorden nodig heb om iets duidelijk te maken en bij elk ding dat ik zie, hoor, voel of proef, een heel verhaal verzin.

Ik speel dat spel nog steeds vaak met mezelf: zo leer ik een monoloog te houden...

Ik heb dat spel iets uitgebreid, met zinnen en vragen, en er een traditie van gemaakt het alleen met oud en nieuw te spelen. Ik schrijf op elk klein stukje papier iets wat ik leuk vind van mijzelf en wat ik niet mag veranderen en iets wat ik absoluut móét veranderen. Hetzelfde doe ik over mijn partner en over de hele wereld. Die papiertjes met opmerkingen rol ik op en hang ik dan met een strikje aan de kerstboom. Bij de oud-en-nieuw-maaltijd openen we dan één voor één de rolletjes en dan lezen en bespreken we ze, lachen en ruziën we erover. Het risico zit er natuurlijk in dat je elkaar shockeert, maar we staan liever open dan dicht tegenover elkaar.

Het afscheid van een jaar dat nooit meer terugkomt. Of toch wel: niet het jaartal komt terug, maar je eigen gedrag herhaalt zich. Evenals het gedrag van de politiek, dat vaak in een vicieuze cirkel zit.

Is het jaar 2002 een jaar om nooit te vergeten, of juist wel?

Het begon toch zeer vrolijk, het huwelijk van Máxima en prins Willem-Alexander. Maar toen kwam de moord op Pim Fortuyn en ik weet niet hoeveel moorden nog meer... De natuurlijke dood van Alfred Heineken, Bart de Graaff, prins Claus, Boudewijn Büch konden we accepteren, maar acceptatie van een moord is er niet – die zal door alle jaren heen blijven kwellen.

Goede voornemens voor een nieuw jaar hebben we allemaal; dat is wellicht ook het enige wat ons leven veel waard maakt: vooruitkijken. Achteromkijken heeft alleen zin als we ervan leren, anders is het een verkwisting van tijd.

Misschien moet er een wonder gebeuren om een perfecte wereld te krijgen, misschien is dat onmogelijk. Maar bij wonderen is zelfs het onmogelijke mogelijk.

Er was eens een kleine jongen. Hij hoorde op een dag in de vroege ochtend zijn ouders zorgelijk en huilend tegen elkaar praten. 'Nee, er is geen ontkomen aan, er moet een wonder gebeuren wil hij blijven leven, en anders zal hij sterven.'

Ze praatten over zijn zieke broertje, die al weken in bed lag.

De kleine jongen stapte uit bed, liep naar zijn spaarpot en telde het geld: één euro en veertig cent zat erin.

Hij liep naar de apotheek en zei met haastige stem: 'Ik wil een wonder kopen, helpt u mij.'

De apotheker snoerde hem de mond. 'Wacht op je beurt. Ik ben met deze meneer bezig.'

Maar de kleine jongen was niet te houden en bleef schreeuwen. 'Ik moet een wonder hebben, ik heb ook geld.

Ik kan het betalen. Ik wil een wonder.'

De klant die aan de beurt was, draaide zich om naar de jongen en vroeg: 'Wat is er aan de hand? Waarom dram je zo door?'

De kleine jongen vertelde: 'Mijn broertje is ziek en ik hoorde van mijn ouders dat hij dood zal gaan als we geen wonder zullen krijgen. Dus ik wil met mijn spaargeld een wonder kopen.'

Met een grote glimlach en met betraande ogen zei de man: 'Breng me maar naar je broertje.' En hij liep mee.

De man bleek een beroemde hersenchirurg te zijn. Hij opereerde het broertje van de kleine jongen en redde zijn leven.

Wonderen bestaan, helaas vaak alleen maar in verhalen. Maar zolang we durven geloven, kunnen ze in de werkelijkheid belanden.

In het alfabet zitten vele letters met vele smaken, net als in het leven. Mijn moeder had niet verteld dat het alfabet van alles kon zeggen en niet alleen datgene wat we bij elke letter verzonnen. Want uiteindelijk heeft het alfabet ook zijn eigen taal: de taal van het heelal...

Vanaf volgende week zal ik proberen alles te zeggen met weinig woorden, want mijn column wordt ingekort tot zeshonderd woorden. Maar een overvloed aan zinnen wil niet altijd zeggen dat die ook krachtig zijn. Dus 'kort maar krachtig' is een goede gedachte.

Ik wens al mijn lezers een Zoet, Zorgvuldig, Zwoel maar vooral een Wonderlijk 2003.

Oudejaarsavond zit er weer op. We hebben die avond met zijn allen gevierd.

Ik vroeg me af wat we nou echt hebben gevierd. Het oude jaar? Het was nou niet echt een jaar om te vieren. Het nieuwe jaar? Ja, misschien wel. Ik denk dat we de komst van iets nieuws hebben gevierd. Onbekend maakt onbemind, dat geldt alleen voor mensen, en niet voor illusies van mensen. Want ook al is het nieuwe jaar onbekend, toch is het voor velen van ons vol illusies. In het nieuwe jaar zul je wel goed doen wat je het afgelopen jaar niet goed hebt gedaan – althans, dat is dus de illusie. Maar illusies geven ons kracht tot leven, denk ik...

Ik liep gisteren met mijn hond in de duinen en kwam een dame tegen. Ze vroeg mij of ze vroeger niet bij mij op school had gezeten. Ik heb echt het foutste hoofd dat je je kunt bedenken: net niet bekend genoeg en net niet onbekend genoeg. Mensen herkennen mij ergens van, maar weten meestal niet wáárvan.

Dit was de opening voor een langer gesprek in de duinen. Ze vertelde dat ze lesbisch was. Zomaar, zonder dat het gesprek dan ook maar enigszins daarover ging.

'Ik heb twee dochters, en ik ben benieuwd of zij ook lesbisch zullen worden. Ik ben altijd al lesbisch geweest, heb nooit een man gehad.'

'En u hebt twee dochters?'

'Ja, dat klinkt raar, maar dat hebben we heel goed opgelost hoor. Mijn broer is namelijk homo, en we hebben zijn vriend en mijn vriendin laten paren en zo kregen we kinderen, dus ik ben tante en moeder van mijn dochters, en mijn broer is oom en vader tegelijk. Dat is een heel apart gevoel, moet ik bekennen.'

'En of dat apart is. Hoe oud zijn uw dochters?'

'Eén is zes en de ander is acht.'

'Dus uw dochters hebben twee vaders en twee moeders?'

'Nee, één vader en één moeder, maar vier opvoeders.'

'Extra opvoeding kan geen kwaad, maar het is wel verwarrend.'

'Nou, het is heel gewoon, maar omdat iedereen hetzelfde doet, lijkt dat van ons anders, maar als iedereen het deed zoals wij doen, dan was het normale weer abnormaal.'

Ja, die zin is me totaal niet vreemd, maar ik moest wel even omschakelen in mijn hoofd. En wanneer ik me ging verplaatsen in de kinderen, bleef het me verwarren. Hoe legden ze dat op school uit? En vielen ze daardoor niet buiten de boot?

Dan was mijn vreemd-zijn – alleen omdat ik de enige Turkse leerling was op een Heerenveense school – minder vreemd dan het verhaal van deze twee meiden.

'Vindt u ook dat homo-zijn een ziekte is?'

'Nee, natuurlijk niet.'

'Ik las gisteren in de krant: "Tatjana 'geneest' homo Chris Luken." '

Wanneer een imam zegt dat homo-zijn een ziekte is, dan is het foute boel, maar als een landelijke krant zegt dat een vrouw een homo geneest van zijn homofilie, dan vind ik dat bijna net zo erg klinken.

Toen ik weer thuiskwam, keek ik naar de grote zwarte kraalogen van mijn hond. Soms vind ik het zo stom van de mens om de dieren, die in de natuur horen, binnen te halen voor zijn eigen behoeften. Ik vroeg me af wat hij nou denkt over de mensheid.

Als hij denkt...

Wat zal het nieuwe jaar ons brengen?

Doekjes omwinden

En toen? Toen hadden we de discussie over hoofddoeken; doe ook meteen de petten en de mutsen erbij, evenals de korte rokjes en piercings.

Nee, dat kon niet, want mutsen en petten hadden niets met religie te maken.

In een land waar democratie heerst, kun je geloofsuitingen, vrijheid van mening, kleding die gedragen wordt en zoveel andere dingen niet verbieden. Ook al zijn sommige dingen in conflict met je eigen mening of met de mening van vele anderen. Ook bestaan er veel scholen met verschillende geloofsovertuigingen.

Een openbare school vind ik zelf het beste wat er is. Alle andere scholen zouden afgeschaft moeten worden, puur om de samenleving samen te laten zijn. Want ik vind nog altijd dat apartheid begint met aparte scholen en aparte woonwijken. Maar als openbare scholen kinderen sommige dingen gaan verbieden, met name het uiten van een geloof door middel van een hoofddoek, dan zullen straks, denk ik, de islamitische scholen vollopen. Ik vraag me af of we dan niet verder van huis zijn.

In Turkije is het verboden om op scholen hoofddoeken te dragen.

Atatürk had in 1924 al door dat door een hoofddoek de vrouw nooit gelijkgesteld kon worden aan de man, en om de emancipatie te bevorderen heeft hij de hoofddoek afgeschaft. Op zich een goede daad, maar zoiets botst met democratische principes.

Mijn eerste lagere school heb ik tot de vierde klas bezocht en daar heb ik geleerd dat discipline begint met het uiterlijk volgens de eisen van je school. We werden elke dag door de leraar geïnspecteerd op onze nagels en zakdoeken. Je legde je handen op tafel en je zakdoek ernaast; die moest bij de meisjes in een driehoek gestreken zijn en bij de jongens vierkant. We hadden allemaal zwarte uniformen met een witte kraag, die dan ook spierwit moest zijn. Iedereen oogde gelijk. We konden elkaar ook niet aanvallen op het uiterlijk, want we zagen er allemaal hetzelfde uit. Dan bleven je hersenen over: hoe goed was je op school en hoe goed met spelletjes. Ik was meestal dom, want ik durfde niet eens het antwoord te geven op een vraag, ook al wist ik het antwoord zeker. Dus ik werd vaak gepest omdat ik niet slim was.

Toen ging ik naar de vierde klas op een school in Heerenveen. Ik werd nog steeds gepest, maar ditmaal niet omdat ik dom was, maar omdat ik een Turk was, een ontwikkeling op zich...

'Turkie, turkie, broekie, jurkie', waren de favoriete scheldwoorden van de klas. Maar ik had noch een hoofddoek, noch een broek onder mijn jurk, dus ik was nogal verward over deze scheldwoorden en dacht: wat zijn ze toch stom, zien ze dan niet hoe ik eruitzie? Wat ik jammer vond, was het feit dat we geen uniformen droegen; iedereen droeg wat hij wilde en kinderen met merkkleding waren het populairst.

Als ik daar nu op terugkijk en ik zou moeten kiezen voor een schoolsysteem, dan zou ik gaan voor een openbare school mét uniformen: gelijkwaardig zijn we toch en gelijk zullen we zelden zijn, want daar zijn we te uniek voor. Tenzij je een kloontje bent, maar dat is weer een ander verhaal.

Maar je kunt niet zomaar alles veranderen; zoiets zou bij wet geregeld moeten worden, en een wet veranderen kost veel tijd, begrip en logica...

En we weten dat geloof alle tijd van de wereld heeft; nu nog begrip en logica...

We moeten alweer kiezen, we hebben zelden zo vaak in één jaar een volksvertegenwoordiging gekozen.

We hebben de laatste jaren al flink wat keren gestemd en telkens had ik het gevoel dat ik eieren voor mijn geld heb gekozen.

Nu weet ik dat het beter is een half ei te kiezen dan een lege dop: tevreden zijn met weinig als meer onbereikbaar is, maar zo onbereikbaar hoeft het toch niet te zijn...

Om de goede weg te bepalen moet je een richting kiezen: links of rechts is de eerste keuze. Maar als je geen gevoel voor richting hebt, verdwaal je gauw en als ook nog blijkt dat je van al die kleuren – paars, groen, blauw, rood – kleurenblind wordt en als al die kleuren een toverbal beloven die meer naar een fabeltje smaakt dan naar zoetigheid, dan wordt het wel heel moeilijk om de goede kant te kiezen.

Ik stem op de SP, dat heb ik vorige keer ook gedaan en dat doe ik nu nog een keer. Ik geloof in Jan Marijnissen. Gisteren was er een SP-campagneavond in Rotterdam, en één uitspraak van Marijnissen heeft me zeer aan het denken gezet. Al die mannen – Jan Peter Balkenende, Gerrit Zalm, Thom de Graaf, Wouter Bos – ze zijn het er allen over eens dat er zoveel fout is gegaan en dat er zoveel fout is gedaan al die jaren. Maar wie hebben dat dan gedaan? Zeker niet de kabouters. Ze waren het toch zeker zelf? 'Ik weet één ding zeker: ik was het niet', aldus Marijnissen.

Veel politici kritiseren elkaar en gooien af en toe met modder, soms op een onethische en stijlloze wijze, maar de modder die Marijnissen gebruikte, was zuiver en helder. En het was allemaal nog waar ook. Híj heeft het niet gedaan. Hij wil het wel doen, maar dan goed. Hij wil de PvdA steunen in tijden dat rechts de PvdA naar de verkeerde kant zou kunnen trekken. Hij wil de sociaal-democraten ondersteunen aan de goede kant: de kant waar het hart zit...

Nederland kon trots zijn, zo klein als het land is, zo veel grootse dingen werden er gedaan. Althans dat was drieëntwintig jaar geleden zo, toen ik pas naar Nederland kwam. Ik hoor mijn buurman nu zeggen: 'Ja, toen ging het allemaal fout...' Langzaam veranderde alles, alles ging achteruit: het onderwijs, de gezondheidszorg en, hoe handig een euro in het buitenland ook is, nog altijd treur ik om het verdwijnen van onze sterke gulden. Nederland is democratisch, maar aan niemand werd gevraagd of we die euro wilden, we hadden het maar te accepteren.

Een Argentijnse vrouw zei gisteravond dat wanneer we het in Nederland hebben over mensenrechten, velen aan het buitenland denken, maar langzamerhand zijn de mensenrechten in Nederland ook niet alles meer: de wao waaraan getornd wordt, de wachtlijsten in de ziekenhuizen, de uitkeringen die minder en minder worden. Hebben we het dan niet over mensenrechten?

We zijn toch een rijk land. Wat gebeurt er toch met al dat geld? Ik mag hopen dat ze niet op eieren zitten.

Het is een feit dat wie kakelt, eieren moet leggen; wie veel praats heeft, moet ook tonen dat hij iets kan en ik geloof dat de sp dat kan.

En dan vind ik niet dat ze onze rechten als een rauw ei hoeven te behandelen; gewoon recht voor zijn raap zeggen waar het op staat, daar zitten we op te wachten en niet op autoraces op een circuit...

Zo, ik ben mijn ei kwijt...

Begrijp ik het goed?

Op de avond van de verkiezingen was ik aan het optreden, de televisie stond luid aan in de artiestenfoyer. De dame die achter de bar stond, was lichtelijk in paniek: wie ging het nou worden? 'Weet je, ik moet je eerlijk bekennen: ik heb jaren niet gestemd. Het ging wel goed, maar sinds vorig jaar merk ik hoe gedreven ik me voel om te stemmen. Ik ben benieuwd wie en wat het gaat worden.'

'Op wie heeft u gestemd?' vroeg ik.

'Dat laat ik in het midden,' zei ze.

Ik kon dit natuurlijk letterlijk nemen en denken aan de partij die ook in het midden zit, maar ik liet het zo. Ik vind het raar dat sommige mensen niet willen zeggen op wie ze stemmen. Op de dag voor de verkiezingen vroeg ik het ook aan een paar mensen en toen kreeg ik als antwoord: ik twijfel nog. 'Tussen wie en wie?' vroeg ik dan nieuwsgierig. 'Ja, ik twijfel', was het antwoord. Een antwoord dat op een nette manier aangaf dat die persoon het niet met je wil delen.

Is het onbeleefd om te vragen waar iemand op stemt? Misschien moet ik het maar niet meer doen. Sommige kennissen van mij durfden mij niet te vertellen dat ze op de LPF gingen stemmen. Je stem zegt natuurlijk iets over je, maar dat moeten we toch met elkaar kunnen delen, net zoals we de volksvertegenwoordiging die uiteindelijk uit onze stemmen voortkomt met elkaar delen.

We zaten na de voorstelling met mijn team – lichtvrouw, geluidsman en pianist – en de technici van het theater bij elkaar in de foyer en keken naar de televisie. Paul Rosenmöller was aan het woord. 'Wat is die man toch oud geworden in een paar jaar,' zei mijn pianist. Dat klopte, hij zag er inderdaad oud en slecht uit.

'Het lijkt wel alsof de politiek je sneller oud maakt. Wim Kok is ook al zo oud. Nou ging hij al heel lang mee, maar toch werd hij ouder en ouder.'

Het is ook niet niks om te regeren en te reageren op alles wat verandert.

Ik begin inzicht te krijgen in het spel van de politiek dat ik nooit echt heb begrepen. Er zijn tijden geweest dat ik me geneerde om te zeggen dat ik niets begreep van de politiek. Maar als ik dat nú zeg, merk ik dat dat begrepen wordt; want wie begrijpt het wel echt...

Maar alleen inzicht is nog niet voldoende om het volledig te begrijpen.

Wat ik echt niet begrijp, is dat ze zoveel macht hebben over ons allen. Maar ook dat niet meer elk land voor zich denkt, maar vele landen voor elkaar. Wat in eerste instantie heel goed klinkt: we zijn er voor elkaar in de wereld. Maar wanneer ik de Turkse kranten lees, krijg ik plotseling rare gevoelens over hoe landen elkaar tegen kunnen zitten en over de dreigingen die groter worden. Turkije is tegen wat Amerika nu aan het prikkelen is. Amerika, dat altijd een goede vriend is geweest van Turkije, kan geen weerwoord van Turkije dulden. Dan denk ik: onder vrienden kun je je mening uiten, al botst dat soms nog zo. Maar vriendschap in de politiek schijnt over belangen te gaan en als het ene land het belang van het andere niet kan ondersteunen, of, nog erger, niet wíl ondersteunen, dan kan de vriendschap verloren gaan.

Er zijn nu speculaties dat Amerika de olie uit Irak belangrijker vindt dan mensenlevens. En George Bush als olieliefhebber... en ga zo maar door, volgens de Turkse krant.

Ach, ik krijg er grijze haren van, alleen al om het te kunnen begrijpen.

Wakker schudden

Wat wil Ayaan?

De islam uitroeien?

De ongelijkheid tussen man en vrouw uitroeien?

De koran uitroeien?

De hoofddoek uitroeien?

Haar verleden uitroeien?

Of gewoon simpel christenen wakker schudden inzake moslims?

Of, nog simpeler, ervoor zorgen dat de wereld Mohammed en al zijn aanhangers gaat haten?

Of, nog veel simpeler, moslims wakker schudden en ervan overtuigen hoe fout hun geloof is en hoe fout ze bezig zijn?

Toen ik in oktober in New York was, kreeg ik op een nacht een telefoontje van mijn uitgever in Nederland. Er zou een advertentie gezet worden, met de steun van alle auteurs, voor Ayaan Hirsi Ali, die bedreigd werd en ondergedoken was. Of ik daaraan mee wilde doen.

Ik ben te allen tijde voor de vrijheid van meningsuiting, je moet je mening kunnen uiten, want dan is de democratie pas echt. Dus natuurlijk steunde ik haar.

Maar nu zijn we vier maanden verder. Ik volg haar via de kranten, en dan moet ik bekennen dat er een grote vraag bij mij opkomt: moet het nou zo kwetsend? En is shockeren een norm geworden? Je bittere verleden mag je niet verbitterd maken.

Sommige vrienden vinden haar fantastisch, ze vinden dat ze haar leven riskeert om de wereld te verbeteren. Maar ik vraag me toch af of je de wereld op deze wijze zult veranderen, zeker de islamitische wereld.

Sinds 11 september is het een norm geworden om over

moslims maar alles te kunnen zeggen. We moeten open zijn. Ik sta er helemaal achter, maar het is zeer overbodig om onnodig mensen te kwetsen. Waarom moet ze modder gooien naar Mohammed? Het is haar mening, gebaseerd op haar bitterheid. Modder gooien naar Mohammed is net zo overbodig als modder gooien naar iedere andere profeet.

Wat bereiken we, als we alle muren, waar mensen in geloven en steun bij vinden, doorbreken? Is dat een evolutie in de geest van de mensheid?

Wat Ayaan probeerde, was de westerse maatschappij wakker schudden aangaande de mogelijke heftigheid van het islamgeloof. Klopt, er is onderdrukking in deze religie, er is ongelijkheid tussen man en vrouw, maar het is ook een feit dat er interpretatieverschillen mogelijk zijn bij de uitleg van de islam, want de een beoefent de godsdienst volledig anders dan de ander. En ik vind dat je nooit alle moslims, christenen of joden mag afschrijven omdat je er één afschrijft, wat je reden ook is.

Juist van mensen in het parlement verwacht ik zinvolle bijdragen om de maatschappij te veranderen. Sinds Pim de formule heeft gelanceerd dat je maar alles mag zeggen, betekent dat nog niet dat die een oplossing is. We hoeven het ook niet onder het tapijt te vegen, maar ik ben nog steeds voorstander van genuanceerd communiceren, zonder te veroordelen.

Het is niet nieuw wat Ayaan zegt. Rushdie heeft het ook allemaal gezegd in zijn boek. Het was absoluut fout dat hij de fatwa kreeg en miljonair werd terwijl hij niet vrij kon leven, en daardoor een soort armoe leed. We leven in een vrij land, dus iedereen moet kunnen zeggen wat hij of zij denkt en voelt, maar vooralsnog vrees ik dat ongenuanceerde uitspraken vooral tot woede zullen leiden. En als woede woekert in zwakke geesten, dan wil dat wel eens uitmonden in verkeerde watervallen.

En dan hebben we meer verloren dan we hadden gewild.

Voetreflexologie

Held op blote voeten, zo gaat mijn volgende voorstelling heten. Afscheid nemen van mijn huidige voorstelling, *Vreemde vreemdgangers*, zal voor mij niet vreemd zijn. Afscheid nemen is immers iets wat ik mijn leven lang al doe, en niet alleen ik, maar de hele wereld.

Momenteel denk, voel en schrijf ik veel over voeten. Het is een Turkse traditie om schoenen te geven aan een pasgeborene; daar hoort een tekst bij. En eigenlijk gaat het om de tekst, de schoenen zijn bijzaak. Bij die schoenen wordt vermeld: houd je voeten warm en je hoofd koel. Dat was wat ik als eerste meekreeg in mijn leven. Als je dat deed, dan kwam het allemaal wel goed in het leven. Daar geloven wij Turken dan in...

Het hoofd koel houden – dat is me zelden gelukt. Ik ben nogal een heethoofd, iets wat ik ook nog eens zelden durf te laten zien.

En daar komt nog bij dat het land waar ik kwam te wonen, heel eigenaardig was. Het was een land waar je neus loopt, terwijl je voeten ruiken. En ga dan maar eens Nederlands leren begrijpen.

Ja, zo gemakkelijk was het allemaal niet...

Vorige week ben ik naar een voetreflexologe gegaan. Je komt daar binnen en een walm van wierook verwelkomt je. En het eerste wat ze tegen me zegt, of eigenlijk vraagt, is: 'Hebben ze in Turkije ook voetreflexologie?'

Geen idee, ik weet het echt niet. 'Misschien,' zeg ik.

'Dat is een vaag antwoord,' zegt ze.

Ja, heel vaag, maar nou vind ik voetreflexologie überhaupt al vaag, geef ik toe.

Ze reageert niet. Ik zit, doe mijn sokken uit. Ze pakt

mijn voet in haar handen en zegt: 'Ik zie dat je een heel stabiele persoonlijkheid bent.' Nou, als er één instabiel is, ben ik het wel. Maar ja, mijn voeten zullen toch niet liegen. Ze zit aan mijn grote teen en zegt dat ik misschien moet overwegen om minder te drinken, want mijn milt is niet echt goed.

Ik zeg dat ik zelden drink: een glas whisky en een glas wijn op een dag en dan niet eens alle dagen. Ze reageert niet. 'Je longen geven aan dat je moet stoppen met roken.' 'Ik heb echt nog nooit gerookt, hooguit een paar sigaartjes in een maand,' zeg ik. Ze reageert niet.

'Heb je wel eens last van je nieren?' 'Nee, echt, nooit gehad.' 'Je moet er toch maar naar laten kijken, want het zit niet goed.' Even leek ze op een waarzegster die mijn toekomst las in mijn voeten, in plaats van in mijn handen. Straks gaat ze ook nog in mijn voeten zien hoe de oorlog zal zijn tussen Irak en veel andere landen... Nu ik hier zo zat, merkte ik dat ik dat misschien wel belangrijker vond dan mijn nieren, of niet... ik was in de war...

Mijn voeten waren koud en ik probeerde mijn hoofd koel te houden. Ze stond op en vroeg of ik een glaasje sterrenmixthee wilde. Nee, ik wilde niets, ik wilde eigenlijk naar huis, maar hoe maakte ik dat duidelijk. Zei ze maar: het komt allemaal goed; dan wist ik het tenminste.

Ik moest deze dame, die echt niets kon zien aan mijn voeten, ook nog eens betalen. De wierook, sterrenmixthee en haar deskundigheid kostten mij tweeënveertig euro. Mijn moeder zei altijd: als de hersenen niet werken, dan boeten de voeten, in mijn geval boette mijn portemonnee.

Ik betaalde en nam afscheid. Ik vond haar maar een vreemde vreemdganger, een van de velen uit mijn leven. Ik had meer gehad aan een levensreflexoloog.

Een adjunct-directeur van een bedrijf had een grote zwakte: loterijen. Elke week kocht hij een lot. Er is een restaurant in Amerika waar ze de gevallen nummers van loten omroepen. Het bedrijf en de grote baas wilden de adjunct-directeur verrassen door hem op zijn verjaardag naar dit restaurant te brengen. Voor de grap regelden ze dat de ober de lotnummers die hij had, zou omroepen.

Hij zat in het restaurant met zijn vrouw, zijn baas en secretaresse en vijf andere managers, die allen in het complot zaten.

Toen de nummers werden omgeroepen, geloofde hij het niet en controleerde hij zijn biljet steeds opnieuw. Het was waar: het waren zijn nummers. Hij had een miljard dollar gewonnen. Plotseling was hij een puissant rijk man. Hij juichte, lachte, huilde en de anderen aan tafel deden mee. Toen werd hij ineens serieus. 'Hierbij wil ik mededelen dat ik per heden ontslag neem bij dit achterlijke bedrijf, waar niets van klopt. Jij, Dick, mijn baas, die mijn vriend moet voorstellen, huichelachtige hypocriet die je bent, ik hoef je nooit meer te zien. Mijn lieve vrouw, tjee, wat ben jij toch een saai vervelend kreng dat mij het leven al jaren zuur maakt. Zo gek is het niet dat ik het genot van deze winst gelukkig kan delen met mijn secretaresse. Maar lieve Jane' – hij keek naar zijn secretaresse – 'je wist natuurlijk dat ik het nooit echt meende dat ik bij mijn vrouw weg zou gaan om met jou te trouwen, zeker niet om jou. Verder wens ik jullie een leuke avond, maar dan zonder mij.'

Onderzoekers vertelden dit verhaal aan een groep Turken, Denen en Amerikanen. Om te testen hoe volkeren op ongewone momenten reageren.

De Turken vonden dat de man zich in dat bedrijf nooit meer kon laten zien en dat zijn leven voorbij was. Hoe kon hij een van de anderen ooit nog onder ogen komen. Wat een schande.

De Denen vonden het fantastisch; het was geen lot dat veel geld waard was, maar dat toch heel waardevol was. Eindelijk kon hij zich uiten en zeggen wat hij wilde, en zijn rijkdom was dat hij opnieuw kon beginnen met zijn leven. Wat een verlossing.

De Amerikanen vonden dat hij het nog kon verdraaien: hij kon zeggen dat hij hen in de maling nam en dat hij wist dat dit een complot was. Wat een grap.

Het is dus maar hoe je het interpreteert en hoe je het beleeft volgens je eigen waarden en normen, als individu en als volk.

Op mijn column 'Wakker schudden' (over Ayaan Hirsi Ali) hebben veel mensen gereageerd. Zo verschillend, dat ik me soms afvroeg of men het over dezelfde column had.

Sommigen hebben er helemaal niets van begrepen. Ik kreeg zelfs een berisping met de woorden: 'Foei Nilgün!'

Zo berisp ik mijn hond, omdat hij domweg korte en krachtige taal en toon begrijpt. En ik mag dan wel een allochtoon zijn, maar ik ben zeer gevoelig voor de goede toon. En ik heb meer capaciteiten dan mijn hond voor het begrijpen van taal, en daarom wil ik – hoop ik – dat men met het taalgebruik dat woede, onbegrip, bitterheid, teleurstelling, afkeuring van onrechtvaardigheid en onrecht moet uiten, toch zorgvuldiger omgaat.

Want als we de taal als communicatiemiddel gebruiken om nader tot elkaar te komen, dan blijven we verplicht elkaar niet te kwetsen. Want alleen dan bereik je mensen dieper, echter en hechter!

Petje af en dan?

Wanneer ik schrijf dat het niet de koran is die het verkeerd voorschrijft, maar de mensen die het fout interpreteren en vooral dat vele imams hún interpretatie van de koran op papier zetten, dan wordt dat gewoon gelezen en mild geproefd. Maar als ik zou schrijven dat de koran niet deugt en dat het hele moslimgeloof maar een achterlijk geloof is, dan wordt er opeens op een hatelijke manier gereageerd door moslims en wordt door praktiserende en niet-praktiserende christenen gejuicht hoe geweldig het is van mij om dat te durven uiten.

En dat is iets wat ik niet begrijp.

Het lijkt wel alsof mensen woede en haat gemakkelijker begrijpen dan een zachte benadering vol fatsoen en begrip.

Op het podium kan ik met een knipoog en een glimlach meer zeggen dan op papier: zwart op wit is harder en directer en staat daardoor open voor verkeerde interpretatie. Dus probeer ik mensen te bereiken op een zachtere manier. Desondanks wordt het milde moeilijker begrepen dan het harde. Vooral het heel harde – grof en zonder fatsoen. Denken aan andermans gevoel lijkt wel taboe te zijn, of zelfs overbodig. Ik vraag me tegenwoordig af wat het is dat de westerse maatschappij dwarszit in het moslimgeloof: de onderdrukking van vrouwen of het hele geloof, dat na 11 september is bevlekt tot eeuwige vuiligheid?

Het christelijke geloof heeft ook een evolutie doorlopen: de strenge geboden, de zwaar gereformeerden die niet eens een operatie mochten ondergaan omdat dat verboden was.

Het past bij het verstrijken van de tijd om veranderingen aan te brengen, ook wellicht binnen het moslimgeloof. Maar dat moet dan wel op zo'n manier gebeuren dat men iets bereikt, in plaats van nog meer onbegrip en woede te kweken.

Vorige week had ik een optreden in Hellevoetsluis. Een Turkse dame met hoofddoek kwam na afloop naar mij toe en vroeg of ik even privé met haar wilde praten. Ze vroeg of ik ook een stukje wilde spelen over een vrouw met hoofddoek die daarvanaf wil, maar niet weet hoe het moet uit angst voor haar man.

Die nacht nog ben ik eraan begonnen, maar het was verdomde moeilijk, want de kwestie is niet alleen het bedekken van je hoofd, maar je hele leven wordt bedekt.

Velen weten niet waar ze het over hebben als ze zeggen dat die hoofddoeken weg moeten, want de vrouw moet niet worden onderdrukt. Weinigen weten in wat voor een systeem die mensen zitten. Ze zijn slaaf van hun eigen clan, die ze zelf hebben gecreëerd. Want stel dat Hasan het goed vindt dat zijn vrouw vrijer leeft en zij haar hoofddoek mag afdoen, dan is hij nog zeer beïnvloedbaar door wat Ahmet daarover zegt in het koffiehuis. En stel dat zijn gedrag als een schande wordt verklaard, hoe kan hij dan nog zijn vrienden recht in de ogen kijken?

Men moet beseffen dat veel Turken, Marokkanen, Pakistanen en andere moslims hun eigen dorp hier hebben geschapen, waarin de sociale controle het meer voor het zeggen heeft dan zijzelf.

En we moeten vooral oppassen dat we ze dan niet allemaal op één hoop gooien, zoals al jaren gebeurt in kranten, op televisie en door alle media.

Petje af – in plaats van hoofddoek af – doe ik alleen voor mensen die weten waar ze het over hebben en hoe ze het erover hebben.

Wat is erger: doof zijn of blind zijn? vroeg de zoon van mijn buurvrouw toen hij tien jaar oud was. De vraag is op zich al een kwestie om over na te denken, maar zeker als je je realiseert dat deze kwam van een jongetje dat één been moest laten amputeren omdat hij kanker had.

Inmiddels is hij vijfendertig en vindt hij nog steeds dat doof zijn erger is dan blind zijn. Het hebben van maar één been valt daarbij voor hem in het niet. Zolang ik zie en hoor, weet ik dat ik leef, zegt hij.

De zus van mijn vriend is doof. Ze is dat geworden door een fout van de dokter bij de geboorte, in de jaren vijftig in Turkije. De moeder van mijn vriend is Engelse. Ze had al moeite met de Turkse taal; veel begreep ze niet. Maar een kind dat doof is opvoeden in een land waar toen nog weinig voorzieningen waren voor dove kinderen, was zwaar. Ze schreef naar een non in Amerika die zich volledig had gespecialiseerd in het helpen van dove kinderen. Maanden duurde het voordat de brief aankwam. Dat is nu ondenkbaar, in een tijd waarin je in een seconde overal op het internet zit.

Toen het dochtertje twee was, is ze op advies van die non naar een Engelse kostschool gegaan, een school waar doven van kinds af aan leren liplezen. Het is heel moeilijk je kind te moeten afstaan als het twee is. Vliegen ging in die tijd niet zo gemakkelijk. Nu ik haar heb ontmoet, en haar echtgenoot, die ook doof is, vanaf zijn vierde op dezelfde school zat en uit Pakistan komt, merk ik hoe zelden ik erbij stilsta dat ik kan horen.

Vorige week waren we bij hen in Brighton en bij hun zoon van zeventien, die volledig kan horen. Hij speelde piano. Ik zag hoe zijn ouders trots naar hem keken. De muziek hoorden ze niet. De zus van mijn vriend vroeg aan hem hoe haar zoons stem klonk. 'Op zijn leeftijd verandert de stem, en ik wil weten hoe zijn stem klinkt; is die mooi?'

Het klonk zo bizar, ik probeerde me in haar positie te verplaatsen, en dat raakte me nog meer. Net zat ik nog te denken hoe jammer het was dat ze hun zoon niet konden horen spelen, maar het was nog erger: ze konden zijn stem niet eens horen.

Als je tegen hen praat, heb je totaal niet het idee dat ze doof zijn, want ze begrijpen alles wat je zegt door te liplezen. Als ze praatten, voelde ik me een beetje doof, want ik moest erg mijn best doen om ze te verstaan, alleen al vanwege het feit dat Engels niet mijn moedertaal is.

Wat zeggen de welvaart en ontwikkeling van een land toch veel. Als zij in Turkije en hij in Pakistan was gebleven en als ze niet de mogelijkheid hadden gehad in Engeland de beste opleiding voor dove kinderen te volgen, dan hadden ze nooit zo zelfstandig kunnen communiceren en daardoor zo open kunnen staan in het leven.

Ik vroeg aan hun zoon hoe het voelde om dove ouders te hebben. 'Ik ben blij dat ze niet blind zijn,' zei hij.

En misschien is dat wel een sleutel in het leven: het bedenken van ergere situaties zodat je eigen situatie dan best wel meevalt om mee te leven. Uiteindelijk is alles relatief, want je leert er hoe dan ook mee te leven, omdat er geen andere weg is.

Enkeltje dood

Elke ochtend het vaste ritueel: douchen, tandenpoetsen, met ochtendjas en pantoffels aan koffiezetten, krant lezen en schrijven. Dan om een uur of twee vertrekken naar het theater, om 's nachts om twee, drie uur weer hallo tegen mijn huis te zeggen. Ongeveer vijf van de zeven dagen zien er zo uit. Echt vrolijk word ik er niet van als ik het zo beschrijf, maar het optreden en het applaus van de mensen geven mij het gevoel dat het de moeite waard is.

Wanneer het doek valt, groet de eenzaamheid je. Maar het applaus de volgende dag maakt dat weer goed. Soms voel ik me een hamster die maar ronddraait in zijn eigen rad.

Maar vanmorgen zag iets er heel anders uit: op de witte tegels van mijn keuken lagen druppels bloed, de witte kasten onder het aanrecht zagen er bloederig uit. Ik was in paniek. Was het mijn hond? Nee, die lag in zijn mand in de woonkamer te slapen. Maar het bloed druppelde nog steeds.

Toen ik dichterbij kwam, zag ik dat het de runderpoulet was die ik gisteravond uit de diepvries had gehaald. Je wordt spontaan vegetariër als je dat ziet.

Bloed doet me aan mijn moeder denken, omdat ze doodgebloed was. En dat zal mij altijd bijblijven. Nu, na zeventien jaar, brandt nog altijd die ene kaars van verdriet in mij, nadat vele van de miljoenen kaarsen geblust zijn.

Vanavond is het Boekenbal, met als motto 'de dood'. Ik ben drie keer op het Boekenbal geweest en drie keer was ik teleurgesteld. Teleurgesteld door de arrogantie van wat intellectueel Nederland moet voorstellen. Mensen die ik kende en tegen wie ik sprak, keken over mijn schouders heen, om iets interessanters te zien. Het hoogtepunt van mijn teleurstellingen was vorig jaar, toen ik tegen Harry Mulisch sprak. We zaten naast elkaar op de trap. Ik zei: 'Mag ik u wat zeggen?' Hij keek zijn vrouw aan en zei: 'Wat zegt ze?' Ik dacht: hij is doof, en ik herhaalde mijn vraag. Waarop hij geïrriteerd zei: 'Zeg het dan!' En toen zei ik, naïef als ik ben: 'Ik vind u een meester in het schrijven en ik bewonder u.'

Hij draaide zijn hoofd om en praatte verder met zijn vrouw. Wie was ik om hem een meester te noemen; hij had het toch zeker van mij niet nodig om te horen wat hij was.

En dat stoort me het meest van veel auteurs: ze zijn 'Ze' geworden, dankzij het gewone volk, mensen zoals ik. Want als wij hun boeken niet kochten en lazen, dan waren het misschien nog steeds fantastische schrijvers, maar niet rijk aan bekendheid, eer, roem en nog meer... Dus hoe haal je het in je hoofd om zo arrogant te zijn.

Ik ga niet meer naar het Boekenbal. Niet dat dat iemand iets kan schelen. Een Turks spreekwoord luidt: 'Het konijn is boos op de berg, maar de berg weet dat niet en dat deert hem zeker niet.' Net als Ronald Giphart zei: ik ga pas weer als mij ooit wordt gevraagd het boekenweekgeschenk te schrijven.

In plaats van naar het Boekenbal ga ik naar de VPRO, om in *De Avonden* een column voor te lezen. Gelukkig zitten daar wél auteurs die zichzelf zijn en niet ontheven zijn van de realiteit.

Nee, doodgeknuffeld ben ik er zeker niet, maar ik wil er ook niet meer doodgekeken worden.

Verdwaalde gedachten

Ik verdwaal. Ik verdwaal in mijn eigen huis, ik verdwaal wanneer ik op straat loop, ik verdwaal in de supermarkt, ik verdwaal in het theater. Ja, ik verdwaal.

Ik verdwaal wanneer iemand tegen mij praat en twee uur over haar hobby mozaïeken maken vertelt en na twee uur vraagt of ik wel weet wat een mozaïek is.

Ik verdwaal, ik verdwaal wanneer ik besluit om te gaan trouwen en ik dan pas mijn vrienden leer kennen, ik verdwaal tijdens het samenstellen van de gastenlijst, ik verdwaal als ik me realiseer dat de helft van de gasten uit mijn vriendenboek al een paar jaar uit mijn leven is, ik verdwaal als ik een oude vriend uit dat boek bel en hoor dat hij is overleden, ik verdwaal in mijn eigen schaarse investeren in vriendschap.

Ik verdwaal in gevoel, ik verdwaal in gedachten, ik verdwaal in dromen, maar bovenal verdwaal ik in de realiteit.

Ik verdwaal als ik mijn vrienden niet wil teleurstellen, maar ik verdwaal nog meer als ik lees dat Henry Ford heeft gezegd dat hij niet de formule voor succes kan geven, maar wel de formule voor geen-succes; namelijk het eenieder naar de zin willen maken.

Ik verdwaal intens.

Ik verdwaal als ik mijn ene been naar voren zet om een stap te maken en het andere been weigert om te volgen, ik verdwaal wanneer ik stilsta bij de vraag welk been de volger en welk de leider is.

Ik verdwaal als ik me realiseer dat niemand zo rijk is dat hij zonder liefde kan en niemand zo arm is dat hij geen liefde kan geven, en dan verdwaal ik des te meer wanneer ik zie dat men bang is om überhaupt liefde te geven en te nemen... ja, dan verdwaal ik uitbundig.

Ik verdwaal wanneer ik niets begrijp van grenzen, maar nog veel meer verdwaal ik als ik besef dat grenzen ook iets moois hebben: onbeperkte vrijheid doet je toch nog meer verdwalen?

Ik verdwaal in alledaagse dingen, ik verdwaal als ik de kabeldienst Casema bel en ze mij vertellen dat ze me binnen vijf tot acht dagen bellen om een afspraak te maken, ik verdwaal helemaal als ik voorstel om dat nu te doen, want ik heb ze immers aan de lijn, en het antwoord zorgt ervoor dat ik nooit meer op het goede pad kom, want ze moeten eerst plannen om mij te bellen om te plannen om te komen.

Ja, dan ben je toch met een gezond verstand domweg verdwaald?

Zelfs in mijn auto met een navigatiesysteem weet ik te verdwalen.

Wanneer ik al verdwalend bij een theater aankom om die avond voor honderden mensen op te treden, en als ik dan een kopje thee bestel en er wordt 1,50 euro voor gevraagd, dan ben ik alweer verdwaald en wanneer ik een kopje thee voor 1,50 euro voor in de pauze vraag en ik een thermoskan met warm water zie en dan ontdek dat er voor een kopje thee warm water in de kan zit, dan ben ik niet alleen verdwaald maar ook behoorlijk in de war.

En nu ik het allemaal op een rijtje zet, besef ik dat ik na al mijn verdwalen ergens ben aangekomen, namelijk in de realiteit dat ik in de war ben van al het verdwalen.

Toegeven dat er een probleem is, is al vijftig procent van de oplossing. Dus waar maak ik me druk om?

De armoede van de rijkdom

Ik hoor een klein meisje van een jaar of zeven aan haar vader vragen:

'Wat is oorlog, papa?'

'Dat is een spel.'

'Wat voor een spel?'

'Een spel met twee feiten en een heleboel regels.'

'Wat zijn feiten, papa?'

'Dat sommige landen er heel rijk van worden en andere heel arm.'

'Nee papa, wat betekent het woord "feit"?'

'Dat het zeker is.'

Zou het echt zo simpel zijn?

Wie het verleden vergeet, is gedoemd het te herhalen. Is George Bush zo in de war dat hij het verleden is vergeten?

Dat ik in de war ben, vind ik normaal. Maar dat een man in die positie met zoveel verantwoordelijkheid in de war is, maakt mij nog meer in de war. Oorlog is oorlog – het doet er niet toe wat de reden daarvoor is. Geen enkele reden rechtvaardigt het doden van onschuldige mensen. We demonstreren, schrijven, gillen en vertellen dat we tegen de oorlog zijn – overal in de wereld. Maar ergens voel ik dat we onmachtig zijn. We zijn een democratisch land, maar desondanks lijkt het alsof er niet naar onze stemmen wordt geluisterd. Maar natuurlijk, democratie betekent dat je de vrijheid hebt om te zeggen wat je denkt, voelt en gelooft. Maar in het woord 'democratie' zit niet de garantie dat er naar je mening wordt geluisterd. Het lijkt wel alsof onze stemmen alleen interessant zijn wanneer er verkiezingen zijn, zodat ze daarna kunnen regeren zoals zij willen;

want wij hebben ze gekozen en daarmee is onze zeggenschap over.

Wanneer ik luister naar een van de mannen van het Amerikaanse Pentagon, merk ik dat niet alleen Bush, maar vele anderen ook in de war zijn. Als wordt gevraagd hoe het nou kon dat een Engels vliegtuig per ongeluk neergehaald wordt en dat er per ongeluk een bom in Turkije valt, dan durft men als antwoord te geven dat in tijden van oorlog alles kan: je kunt doodgaan, ze kunnen terugschieten, je kunt gegijzeld worden. Alles kan, dat weten we. Hebben mensen in tijden van oorlog geen gevoel, begrip, genegenheid of menselijkheid meer?

Ik sluit me volledig aan bij de auteur Russell DiCarlo, die zei: 'De mythe van het "anders-zijn-dan-wij" is verantwoordelijk geweest voor oorlogen, verkrachting van deze planeet en voor alle vormen van menselijke onrechtvaardigheid, want welk weldenkend mens zou een ander pijn doen als hij of zij die ander ervoer als een deel van zichzelf?'

'Het-anders-zijn-dan-wijgevoel' boeit en ontwikkelt ons, maar vernielt ons ook – helaas.

Momenteel ben ik in Turkije, een land dat een flink inkomen heeft van toerisme en dat nu bang is dat veel toeristen niet zullen komen vanwege de eventuele risico's van per ongeluk vallende bommen. Ik merk er in Ankara niets van, op straat althans.

Turkije is misschien wel meer in de war dan Bush, want de Turken hebben spijt als haren op hun hoofd dat ze zo lang hebben getwijfeld en te veel hebben gepingeld om nog meer dollars en dat ze nu zelfs de beloofde vijftien miljard dollar misgelopen zijn. Amerika trekt zich terug uit Turkije en vindt dat Turkije geen vriendschap heeft geboden. En dat vindt Amerika niet leuk.

Het is inderdaad een spel en je betaalt met mensenlevens. Dus wie wordt er nou rijk van?

Ongevraagde facturen

Hoe wisten de Amerikanen dat de Irakezen al die wapens hadden? Ze hadden de facturen nog. Een mop die ik een tijd geleden heb gehoord en waar ik om moest glimlachen. Het is, denk ik, ook waar dat de westerse wereld een Frankenstein – Frankhoessein – heeft gevormd. Want het is waar dat hij al die wapens naar zich toe heeft weten te halen en ironisch genoeg hebben de Amerikanen hem daarmee geholpen.

In 1980 wilde Saddam Hoessein de olierijke provincie Choesoestan in het zuidwesten van Iran veroveren en de Amerikanen hebben hem daarbij geholpen, want ook zij roken olie. Deze oorlog kostte Irak tachtig miljard dollar. Daarna was er de Golfoorlog in 1991; die kostte de Irakezen zeventig miljard dollar. Vervolgens werd als strafmaatregel tegen Saddam een exportverbod van olie opgelegd en ook dat kostte het land zeer veel geld, waardoor een half miljoen Irakezen, hoofdzakelijk kinderen, is overleden.

Saddam heeft Irak alleen maar geld en mensenlevens gekost en die man moet weg – daarover valt niet te twisten. Maar dat rechtvaardigt nog niet dat velen moeten sterven om dat doel te bereiken. Eerst creëert men een monster en vervolgens vernietigt men het hele gebied waar het monster leeft, met de bedoeling uiteindelijk hem te vernietigen. Nee, begrijpen doet niemand het.

Thuis hebben we een vader die het voor het zeggen heeft en als land een leider die hetzelfde is. We kiezen onze vader niet, maar een leider van het land wel – al is het resultaat hetzelfde: ze doen allebei wat hun goeddunkt.

Er wordt wel gezegd dat leiders van een land alles doen om het land beter te maken. Dus dat moet ons dan geruststellen: ze doen het voor ons bestwil.

Ik las het Duitse magazine *Der Spiegel* van maart 1953 en dan lijkt het alsof er niets is veranderd: ondanks de democratie, de emancipatie, de verschillen tussen groepen en culturen, altijd is men op zoek geweest naar meer macht, meer land – wat wellicht meer geld betekent. En de idealisten die meer vrijheid en meer gelijkheid wilden, hebben verder onderling gevochten.

Soms vind ik het intens jammer dat ik zo weinig weet van de wereldpolitiek, de geschiedenis en de beweegredenen, en wanneer ik me daarin verdiep, merk ik dat ik daardoor nog minder weet en nog meer vragen ga stellen, vragen die niet echt te beantwoorden zijn. Dat is nu eenmaal zo, is de dooddoener die ik vaak tegenkom.

Turkije zal niet toelaten dat er een Koerdistan wordt gevormd; zo'n staat bestaat volgens de Turkse staat ook niet. Alleen in het Westen heeft die staat een naam. En als ik in *Der Spiegel* uit 1953 lees dat de Fransen en de Britten strategische winst hebben geboekt bij de tweedeling van Duitsland, dan is het nog altijd hetzelfde: bij een verdeeld Turkije hebben veel landen baat. De grote brug tussen Azië en Europa is er dan niet meer. Het gaat ook helemaal niet om bruggen, want een brug heeft te veel macht, terwijl men vergeet dat de brug juist steunt op de twee stukken land waaraan hij vastzit.

Wel is het positief dat iedereen nu weet dat Turkije in Azië ligt en niet in Afrika, naast Marokko.

Voor de rest ben ik niet optimistisch en merk ik dat wij ongevraagd facturen betalen die ons niets anders dan ellende opleveren.

De dood in de ogen kijken

Oorlog, oorlog, oorlog. Alles staat in het teken van de oorlog – alsof er geen ander nieuws meer is. Misschien wordt dit zelfs een Derde Wereldoorlog, suggereren sommigen. Wat het ook wordt, we doen het allemaal zelf. Niet wij maar zij, zij die dit nodig achten. In elk land worden er nu grappen over gemaakt. In Zwitserland zeggen ze dat Irak na de oorlog in drieën wordt verdeeld: normaal, super en diesel. In Turkije stellen ze de volgende vraag: het vliegtuig waarin Bush en Blair zaten, is gecrasht; wie overleeft er? De wereld!

In Duitsland stond in een krant het volgende. Saddam zegt: 'We hebben een Engels vliegtuig neergehaald.' Bush antwoordt: 'Hij liegt alweer, dat hebben wij gedaan.'

Een vriendin van mijn vriend in Hamburg is overleden en daarvoor namen we afgelopen vrijdag het eerste vliegtuig. Terwijl we in het KLM-toestel, een Cityhopper, alle kranten en bladen doornamen over de oorlog, kwam er iets op ons af waar we niet echt bij stil hadden gestaan.

Na een uur vliegen landden we in Hamburg. We zaten nog in het toestel, ver van de pieren, toen we de mededeling hoorden dat er twee patiënten aan boord waren van wie de één bloed had gespuugd en de ander zware koorts had. Ze reisden samen. En aangezien het dodelijke virus SARS heerst, namen de Duitse autoriteiten geen risico en wilden ze eerst checken of de twee besmet waren. Dat betekende dat wij het vliegtuig ook niet mochten verlaten, want men sloot niet uit dat andere passagiers dan ook besmet waren. We zaten immers met hen al een uur in dezelfde afgesloten ruimte. De deuren mochten niet open, de airco moest uit en daar zaten we dan.

SARS, ja, daar hadden we over gelezen en van gehoord, maar dat het zo dichtbij zou komen, hadden we niet kunnen bedenken. Veel stelletjes gingen knuffelen, sommige passagiers begonnen te schreeuwen dat ze eruit wilden of naar huis wilden bellen en mijn vriend keek me aan en zei: 'Trouwen met jou klinkt mooi, maar sterven met jou nog mooier.' Ik herinnerde me een toneelvoorstelling waarin een echtpaar maar één wens had: laat mij sterven wanneer mijn geliefde sterft. En nu leek het mij te overkomen. Ja, er zat een vorm van schoonheid in, zo weet je zeker dat je gelukkig sterft.

Twee uur hebben we in het vliegtuig gezeten, samen met de patiënten – om er zeker van te zijn dat we allen echt besmet raakten. Het vliegtuig zat vol met Duitsers, zoveel geeft het land dus om zijn eigen volk. Ooit is dat anders geweest, op zich een goede ontwikkeling.

Na twee uur werden we één voor één uit het vliegtuig gehaald. Mannen met astronautenpakken brachten de patiënten naar een ambulance en de andere passagiers werden in quarantaine geplaatst. Een Engelsman zei cynisch: 'Waarschijnlijk worden we nu naar een gaskamer gebracht.' Een grap die niet bij iedereen goed viel.

Het was zo ironisch; terwijl we op weg naar een begrafenis waren, keken we nu zelf misschien de dood in de ogen.

Na drie uur wachten en formulieren invullen, mochten we vertrekken, want het bleek dat de patiënten niet het SARS-virus hadden. De één had tuberculose en de ander bronchitis.

Als we vinden dat de wereld van ons allen is, moeten we die wereld met zijn allen beschermen. Een ziekte bestrijden is uiteindelijk in ons aller belang.

Armoede, ziektes, wereldleed, het komt sneller naar je toe dan je denkt.

Vroeger op school werd ik altijd gepest: ik was het vieze Turkse meisje. Niet dat ik letterlijk vies was, maar volgens veel medeleerlingen was dat wel het geval. Ik werd geschopt tijdens de gymnastieklessen en geduwd in de pauze. Niet door iedereen, eigenlijk maar door een paar kinderen: de populairste kinderen van de klas. Zij waren de leiders van de klas en binnen die groep was er weer een leider die het gedrag voorschreef.

Dat was André.

André had een heel rare vader. Ik had hem een keer gezien op school, toen hij André kwam halen. Zijn armen zaten vol met tatoeages en zijn haar was een soort pruik–netjes gekamd, naar links. Hij had een grote ring om die op een tijger leek. Toen zijn vader de klas binnenkwam, zag ik voor het eerst hoe bang André keek. Anders keek hij altijd heel eigenwijs en strak, zodat je bang van hém werd.

André was het baasje van de anderen. Zijn beste vriend was Alfons, die alles deed wat André tegen hem zei. Eén keer kwam Alfons voor mij op. Toen André mijn chocolade afpakte in de pauze, zei Alfons: 'Geef het terug aan haar.' André kon dat niet dulden en begon te vechten met Alfons.

Voor het eerst vocht er iemand voor mij. Dat was nog nooit gebeurd. Thuis al helemaal niet: hoezeer mijn moeder ook van mij hield, ze kon het niet voor mij opnemen tegen mijn vader. Ze kon zichzelf niet eens verdedigen, laat staan dat ze mij zou verdedigen. Ik verwachtte het ook niet van haar of van iemand anders. Ergens voelde het goed dat iemand voor mij vocht om mij te verdedigen, maar aan de andere kant was ik bang: wat als Alfons zou verliezen en André mij dan nog meer zou gaan haten en mij het leven nog zuurder zou maken? Alfons won en sindsdien liet André mij met rust.

Tussen Alfons en André is het nooit meer goed gekomen en vrienden worden met Alfons zat er voor mij ook niet in. Hij zei dat hij het niet voor mij had gedaan; hij had het voor iedereen kunnen doen.

Toen ik ouder werd, dacht ik dat ik zo'n tafereel nooit meer zou meemaken, maar ik zie dat het leven alleen maar op dit soort taferelen lijkt. De sterkere neemt het op voor de zwakkere, waarbij verloren of gewonnen kan worden. Of de sterkere kijkt alleen maar toe, of men protesteert wanneer de sterkere het opneemt voor de zwakkere, want waar is vechten goed voor?

Maar waar is lijden goed voor?

De definitie van verlichting volgens Boeddha is 'het einde van het lijden'. Maar hóe je uit het lijden komt, blijft de grote vraag. Het definiëren van een oplossing is nog niet de oplossing: je moet eraan blijven puzzelen.

Wanneer ik nu naar de beelden op televisie kijk en zie hoe blij het volk van Bagdad is en hoe ze Saddam Hoessein met hun schoenen en pantoffels slaan – een symbolische daad in de Arabische wereld, het betekent: ik neem je onder mijn voeten, ik veracht je – dan denk ik dat de oorlog misschien níet fout is geweest.

Ook ik heb gedemonstreerd tegen de oorlog – oorlog is verliezen. Maar wanneer ik een volk zie gloeien van blijdschap omdat het van zijn leider – een dictator – is verlost, middels een oorlog die door Amerika is begonnen, dan lijkt die oorlog toch een goede oplossing te zijn geweest.

Ieder nadeel kan dus ook een voordeel hebben.

Laatste vergeet-mij-nietje

Mijn huis was leeg, de witte tegels van de vloer keken naar mij en ik naar hen, de lege muren deden hetzelfde. Opeens kwamen er drie vreemde mannen mijn huis binnen door het raam. 'Wie zijn jullie?' vroeg ik dapper. 'Wij zijn dieven,' antwoordde de dikste dief. 'Maar mijn huis is totaal leeg,' zei ik. 'Wij komen uw herinneringen stelen,' zei de dief.

Schreeuwend werd ik wakker. En zo had ik wel meer van die korte, rare nachtmerries.

Vorige week was ik in Turkije, omdat ik binnenkort ga trouwen. Om in ondertrouw te gaan, had ik mijn geboorteakte en bewijs van ongehuwd-zijn nodig. Dat moest ik persoonlijk ophalen, om in Nederland te bewijzen dat ik in Turkije ben geboren, maar vooral dat ik ongehuwd ben. Nou kwam ik op mijn tiende naar Nederland en woon ik hier al drieëntwintig jaar, maar ik moest toch verklaren dat ik tot mijn tiende niet gehuwd was. Regels zijn regels, ik pas me graag aan, dus ik haal die verklaring wel even.

Op de dag dat ik zou terugkomen, begaf mijn knie het. Drie jaar geleden, toen ik op een skivakantie mijn knie brak en geopereerd werd in Zwolle, is mijn gebroken bot aan elkaar geniet. Dit vergeet-mij-nietje deed zo pijn dat ik na een jaar in Haarlem naar een arts ging. Hij opereerde mij opnieuw om het nietje eruit te halen. Tijdens de operatie ontdekte hij wat anders, namelijk dat de eerste chirurg was vergeten de meniscus, die gescheurd was, weg te halen, en dat had hij nu gedaan. Maar het nietje zat te diep en kon er niet uit gehaald worden.

De pijn bleef, de avonden op het podium dat het heel erg pijn deed, speelde ik dat ik dat niet voelde. Maar nu kon ik niets meer spelen, ik kon niet meer op mijn been staan.

Mijn vriend nam me onmiddellijk mee naar het ziekenhuis. Bang als ik ben van ziekenhuizen in Turkije, smeekte ik toch naar Nederland te mogen gaan, maar met die pijn was het onmogelijk, dat wist ik. Toen chirurg Levent in het EGE-Saglikziekenhuis in Izmir de röntgenfoto zag, schrok hij. Hij zei verbaasd te zijn dat Nederland dit systeem nog gebruikt. 'Nieten in het bot, en zeker dit soort nieten, scherp aan beide kanten, gebruiken wij al twintig jaar niet meer. Ik moet je meteen opereren. Het nietje is losgelaten en is nu aan het rondzwemmen: alles wat het tegenkomt, is het aan het beschadigen.'

Ik kon daar niets tegen inbrengen. Ik voelde het nietje behoorlijk, het moest wel scherp zijn. De ruggenprik, de geneeskundige verdovingsmiddelen en mijn oververmoeidheid zorgden ervoor dat ik in slaap viel en vier dagen later in Nederland wakker werd. De niet was er niet meer. Inmiddels was het niet zaterdag, maar dinsdag. Voor het eerst in zes jaar geen column geleverd door ziekte.

Mijn kniebanden waren gescheurd, het kraakbeen was beschadigd door de niet en de meniscus was helemaal nooit weggehaald. De operatie staat op een videoband – is er eindelijk toch nog een film gemaakt van mezelf. Lufthansa, dat mij een rolstoel had beloofd, vergat mij in München en mijn vriend moest mij dragen. Verzekeraar Zilveren Kruis vergoedt de operatie niet, omdat die vindt dat ik de operatie best in Nederland had kunnen laten doen. De gezondheidszorg in Nederland gaat wel heel erg achteruit. En ik loop nu op krukken en word een bruid met krukken.

Toen ik wakker werd, waren dit de feiten die mij omhelsden. Deze herinnering mogen de dieven wat mij betreft meenemen.

Vrijheid is niet te koop

De bevrijding vieren we weer met zijn allen. De vrije keuze voor een regering die het volk geestelijke en lichamelijke vrijheid bezorgt. Als je lichaam het toelaat, tenminste...

Na mijn knieoperatie merkte ik dat ik ook mijn *honeymoon*, in mijn geval *honeyweek*, verloren was. Ik wilde mijn toekomstige echtgenoot, die Engels-Turks is, Nederland op zijn mooist tonen; in alle vrijheid – op de fiets. Daarom had ik een fietstoer door Nederland georganiseerd. En mijn broer, die in de fietsenfabriek Sparta in Apeldoorn werkt, maakte onze fietsen met zijn eigen handen. Maar toen ik eenmaal op de been was, werd mij verteld dat ik de komende zes maanden niet mocht fietsen.

Vrijheid is niet te koop, was het motto van bevrijdingsdag dit jaar.

Vrijheid is zo veel – in zoveel dingen vrij zijn om te doen wat je wilt: vrij zijn om te studeren wat je wilt en kunt, vrijheid in je relatie, in vriendschap, tegenover je ouders, je buren. Vrijheid met grenzen, beperkingen, wat die vrijheid weer zoeter maakt. Vrijheid in je werk.

Mijn pianist, Wim, met wie ik al vier jaar werk, vertelde me deze week het slechte nieuws dat hij wil stoppen. Het eerste wat je je dan afvraagt is: wat heb ik fout gedaan? En ondanks dat het antwoord 'niets' is, voelt het toch zeer onbevredigend. Want dat hij wil stoppen, blijft erg. Hij zei: 'Ik wil vliegen met mijn piano.' Hij had immers al vier jaar steeds van mij gehoord: vlieg zonder angsten en maak je dromen waar.

'Ik wil me ontplooien, mijn creativiteit benutten voor nog meer,' ging hij door.

Als je dat verlangen naar meer hebt, omdat je in alle aderen in je lichaam voelt dat je veel meer kunt en wilt, dan is de enige stap die je kunt zetten een stap op een pad in een andere richting.

'Wat is je droom?' vroeg ik.

'Misschien mijn eigen show, een eigen band.'

'Als dat je droom is, dan moet je dat doen, want het woord "dromen" is een werkwoord dat uit zichzelf niets doet,' zei ik.

Ondanks dat het als een amputatie voelt, een bijzondere pianist én een bijzondere persoonlijkheid verliezen, kan ik niets anders doen dan accepteren dat hij zijn vrijheid wil; vrijheid in werk, vrijheid in het ontplooien en ontdekken van zichzelf, maar bovenal vrijheid in zijn vak. En dat accepteer ik niet alleen, ik respecteer het vooral. Zijn lef om te stoppen met het werk dat hij liefheeft, en zijn vrijheid om te kunnen ontdekken wat hij nog intenser liefheeft.

Veel mensen willen, maar durven geen stap te zetten naar het onbekende, het nieuwe, het onzekere. Ze hebben de vrijheid en de droom, maar niet het lef. En wanneer iemand dat wel toont, kan ik niet anders dan bewondering opbrengen.

En als ik de beelden zie van de aardbeving in Turkije, de natuur die ons laat zien dat wij mensen niet superieur zijn aan de natuur, maar dat de macht van de natuur uiteindelijk de ultieme macht is, dan vraag ik me af wat de dromen van die mensen zijn; het voelt zelfs raar om daaraan te denken. Hoe kun je iets durven dromen als je al zoveel beperkingen hebt in de werkelijkheid? Als de financiële, medische, welvarende, emotionele, ontwikkelende vrijheid er niet is?

Dan kan ik me gelukkig voelen dat we in een land leven waar we vrijheid hebben in zoveel dingen. Om te beginnen in je gevoel.

Wim, bedankt, en maak je dromen waar!

Wat doen we wanneer onze kracht onze zwakte is geworden? Wat doen we wanneer we onze muren door willen breken, maar niet weten hoe? Of juist wel weten hoe, maar niet weten wat er daarna zal gebeuren, zeker als die muren veiligheid voor velen bieden?

Wat doen we als we willen veranderen, als we een grote sprong willen maken om iets drastisch te veranderen, waarbij je ook brokken kunt maken – voor jezelf, voor je dierbare naasten en vooral je sociale naasten?

Wat doen we?

Vaak, als we zoveel te overwegen hebben, doen we niets. We willen wel, we durven het niet. We durven wel, maar we kunnen het niet.

Mijn opa was theoloog, een heel liberale, maar de vrijdagen waren heilig. Dan waren wij met de hele familie bij hem en werd er gegeten en veel gepraat. Over van alles, vaak over nietszeggende dingen, soms over strenge wetten en regels waaraan we ons moesten houden. Bidden voor het slapengaan was er één. Nu nog doe ik dat. Het is gek hoe een regel een wet voor je wordt en die wet een gewoonte, en uiteindelijk iets waaraan je je vasthoudt.

Vrijdag was een heilige dag, alle liefde en aandacht gingen naar God en naar de familie. Toen kwamen we naar Nederland en Nederland kende maar één heilige vrijdag, Goede Vrijdag. De heilige dag voor de christenen is zondag.

Ik had een joodse vriendin in de klas en die vertelde dat de zaterdag voor hen heilig was.

Jaren later kwam ik die vriendin weer tegen. Inmiddels was ik geheel gewend aan de heilige zondag, maar zij begon moeite te krijgen met haar heilige zaterdag, de sabbat. Ze studeerde aan het conservatorium en moest soms op zaterdag optreden en dat kon haar vader niet toelaten. Die mooie, vrije dag waarop de familie bijeen was, begon de familie nu uit elkaar te drijven omdat de regel, de wet, een struikelblok was geworden in plaats van een bindende factor.

Is het niet aan de imams, rabbijnen en priesters om sommige regels en wetten aan te passen aan het heden? Natuurlijk is een regel een gewoonte, een stukje veiligheid, en natuurlijk hebben we allen iets heiligs nodig waarop we leunen, al zit het maar in één dag.

Ik ga op een zaterdag trouwen, en ik heb aan een imam, priester en rabbijn gevraagd om mijn huwelijk te zegenen. Daarnaast heb ik aan burgemeester Job Cohen gevraagd om ons wettelijk in de echt te verbinden.

De bruiloft staat in het teken van 'eenheid', mijn partner en ik willen met ons huwelijk ergens voor staan. De eenheid van geloven, hoe onmogelijk het ook klinkt. Het lijkt wel alsof we in een tijdperk leven waarin men denkt: heb je naaste lief... tenzij hij van een ander geloof is.

Zowel priester Huub Oosterhuis, imam Ahmet Akgunduz, rabbijn Awraham Soetendorp als burgemeester Cohen deelde onze ziel.

Desondanks kan rabbijn Soetendorp niet aanwezig zijn, want zijn sabbatgrens is een belangrijke grens.

En er is geen visum om deze grens te slechten, want de afdeling visa van zijn gemeente is zijn familie, die gelooft in het sabbatgebod.

Maar als een belangrijke sabbatheilige dit zal veranderen, wat zou dat betekenen voor velen die soms de dupe worden van het sabbatgebod?

Misschien is het lied 'Sabbatbruid' er niet voor niets, de sabbat voorgesteld als bruid, gebaseerd op de Lekha Dodi, een zestiende-eeuws kabbalistisch lied, dat op vrijdagavond bij zonsondergang in de synagoge wordt gereciteerd.

Maar uiteindelijk is God liefde en liefde kent geen dag, elke dag is er één om gegeven en genomen te worden.

Zaterdag ben ik getrouwd. 'Wanneer je elkaar vindt uit miljoenen mensen, is het al een wonder dat je elkaar leuk vindt en dezelfde gevoelens deelt. Het is een illusie om elkaar een eeuwigheid lief te hebben. En toch is het de illusie, de droom die de liefde stimuleert om voort te zetten. Uit liefde voor elkaar hebben wij besloten om ons gevoel te binden op papier voor altijd. We willen dit graag vieren met mensen die ons dierbaar zijn en met ons geluk, verdriet, vriendschap, liefde en werk delen.' Met deze zin begon ons uitnodigingsboekje.

Dromen beginnen met werken in je hoofd, en het is aan je doorzettingsvermogen en geloof in jezelf om ze waar te maken. Nadat ik in januari een tulp met de naam Topkapi had gedoopt voor het Rijksmuseum, wist ik dat dit mijn huwelijkscadeau zou worden voor mijn levenspartner Noyan. Mijn grootste verlangen is eenheid, eenheid van zo veel: culturen, geloven, zielen; en Noyan, die zowel Engels als Turks is, is ook altijd op zoek geweest naar die eenheid, en het erbij horen. De tulp die we gedoopt hebben, kreeg de naam Unity, het Rijksmuseum ging, ondanks alles, door in de tuin, de e-mail die ik God had gestuurd, werd beantwoord met zon.

De toespraak van onze burgemeester Cohen was onvergetelijk mooi. En vooral de kerk, waar drie geloven bij elkaar zouden komen, wat er onverwacht vier werden. Het boeddhisme, het geloof dat niets oplegt, maar alleen uitlegt, had ook meegedaan. Een zielsvriend van Noyan had op zijn reis in Japan ons uitnodigingsboekje laten zien, waarin de symbolen van drie geloven aan één ketting zaten. De priester van de Taka shima-tempel heeft daar ter ere van ons een boeddhistische ceremonie gehouden.

In het Begijnhof stond voor het altaar Huub Oosterhuis; zijn ontvangst, warme stem en woorden, die zo dierbaar, intens en bijzonder waren. De openheid van imam Ahmet Akgunduz over de islamitische betekenis van het huwelijk; zo liberaal als hij was en zo open als hij stond voor andere geloven. En de brief van rabbi Soetendorp, die Tamara Benima mooier dan mooi voorlas. Tot dat moment droomde ik zelfs nog dat hij toch de kerk zou binnenkomen, maar zijn brief gaf al zo veel aan. Zijn zegen hadden we al gekregen toen we bij hem waren. Hij is niet streng voor anderen, wel voor zichzelf, hij is liberaal, hij is echt, hij is zo veel. En voor sommigen was hij aanwezig in geest – het lichaam is toch maar een gebruiksmiddel – maar velen moeten zien, om te luisteren, te begrijpen en het op te nemen in hun hart. De derwisjen dansten voor de ziel van goedheid. Hun leider, Mevlana, zei: 'Wat je ook bent, kom, al ben je een zondaar, al ben je een huichelaar, al ben je een leugenaar, kom, het is nooit te laat om je te bekeren tot goedheid, kom, het zal allemaal worden vergeven.' De gospel, één zin: 'God, creëer een goed hart in mij.'

Onze gasten uit Engeland, Turkije, Amerika, India, Zuid-Afrika en Nederland vormden een eenheid. Mijn dierbare vriend Wim had een lied gecomponeerd met onder meer het Engelse, Turkse en Nederlandse volkslied. En doordat iedereen door elkaar zat, verschoof het geluid in de zaal van de ene kant naar de andere, afhankelijk van welk volkslied Wim speelde. Door het glas-in-loodraam van de kerk zag ik op dat moment het zonlicht schemeren. Mijn dromen waren uitgekomen, ik geloofde in hen, en dit was een moment dat mij en eenieder op de bruiloft liet zien dat het onmogelijke mogelijk kan zijn, als je er maar in gelooft.

Zoete huwelijksreis

Waarom trouwen mensen eigenlijk? Natuurlijk uit liefde. Maar wat is het dat we ook één op papier willen zijn? Willen we voor de wet niet alleen zijn? Of is het bindingsdrang, of misschien erkenning? Of een bevestiging van je trouwe liefde?

We hebben allemaal leuke dingen voor onszelf verzonnen om het leven leuker, gezelliger, beter, mooier en aparter te maken. We hebben tradities, regels, gewoonten.

Honeymoon is daar één van. Als kind begreep ik het niet. Toen mijn zus getrouwd was en op huwelijksreis ging, dacht ik: dus dat is het begin van een huwelijk, als dat maar zoet is. En wat daarna volgde, was mij een raadsel.

Als je het goed doet, moet je samen een waanzinnige reis door het huwelijk en het leven maken en daar zijn tijd en inspiratie voor nodig.

Ik ben op huwelijksreis. Omdat onze fietstocht door Nederland niet meer door kon gaan vanwege mijn knieoperatie, maakte het mij niet zoveel meer uit wat we zouden gaan doen. Als het maar niet naar de Bahama's of Fiji werd, dat vind ik echt vreemd. Alsof je heel ver van huis moet zijn om de huwelijksreis zo leuk mogelijk te maken.

Mijn broer had een beter idee. Sparta, de fietsenfabriek waar hij werkt, had een nieuwe fiets ontworpen. Het ding heette ION. Een fiets waarvoor je nauwelijks kracht nodig hebt, want de fiets deed vrijwel alles zelf. Het nieuwste en het beste wat er is, zei mijn broer. Wat er ook gebeurt, mijn zusje haar droom over haar huwelijksreis zal uitkomen en fietsen zal ze, had hij tot zijn motto gemaakt.

Maar mijn lichaam kon een fietstocht echt niet opbrengen, want met mijn conditie na die operatie kon ik het niet aan om twee weken te stampen door weer en wind. Mijn levenspartner bracht me naar een rustoord in Toscane. Een plek om te rusten en om inspiratie op te doen in een gebied met een eeuwenoude cultuur en steden als Florence, Pisa en Siena, waar kunstenaars, componisten en schrijvers als Leonardo da Vinci, Michelangelo, Boccaccio, Dante en Puccini van afkomstig zijn.

We kwamen aan in het kleine dorp Montecatini.

Het hotel was vol met fotografen en cameralieden, want de Giro d'Italia zou beginnen en veel wielrenners zouden hier een nacht blijven. Er was veel belangstelling voor de beroemde sprinter Mario Cipollini. Een naam die klinkt als ijs en als je de vrouwen om hem heen ziet, zou hij best voor een ijsje door kunnen gaan.

Onze geplande fietshuwelijksreis, die uiteindelijk resulteerde in een bezoek aan een rustoord, stond toch in het teken van een fietstocht. En wat voor één.

Voor onze kamerdeur stond een envelop met daarop 'Familie Gürel', en dat was waarschijnlijk ook iets wat trouwen met je doet: het maakt 'familie' van je, niet alleen voor je eigen gevoel, maar ook in de ogen van anderen.

De wereld staat even stil. Op zo'n reis wil je het alleen maar 'romantisch' hebben, wat volgens Multatuli een vlucht uit de werkelijkheid is. En dat wilden we ook: geen werk, geen nieuws, helemaal niets. De mobiele telefoon uit. Alleen de natuur en wij. Ontzettend irreëel, maar even uit de werkelijkheid stappen doet soms wonderen. Je ontdekt weer dat de ware natuur niets anders nodig heeft dan genegenheid.

Het klinkt zoet, en zo is het ook, maar mensen die zoet altijd 'bah' vinden, terwijl ze er intens naar verlangen, heb ik nooit begrepen.

Wijze wind

Waar woont de wind? Zijn thuis is overal, zijn haven is de wereld, zijn verlangen is waaien, zijn hoop is zaaien, zijn tocht is ontdekken, zijn creatie is energie en zijn doel is oneindig voortleven.

Als de natuur ons al aangeeft dat de constante verandering alles laat bloeien en die bloei weer laat vallen voor een nieuwe bloei in een nieuw seizoen, en dat na de nacht weer een dag komt, na de regen weer zon, na vloed weer eb, dan is het natuurlijk dat we veranderingen hebben en willen in ons leven. Net als we een paraplu openen als het regent (als je zo'n ding bij je hebt), passen we ons aan aan de situaties in ons leven. Vaak hebben we geen keus, maar vaak ook hebben we een wil en een wens waar je achteraan moet rennen.

Mijn huwelijksreis in Toscane is voorbij, maar mijn reis in mijn huwelijk is net begonnen. Mijn levenspartner leeft in Turkije en in Engeland; zijn werk is daar en blijft daar. Mijn werk is hier en blijft hier. Columns en boeken kan ik overal in de wereld schrijven, maar mijn cabaretvoorstellingen blijven in Nederland. Dus de oplossing is pendelen.

Mijn leven lang heb ik mezelf geleerd dat het land waar je getogen bent, belangrijker is dan het land waar je geboren bent. En dat is me gelukt. Ik hou van Turkije, maar voel me thuis in Nederland en ik hou zielsveel van dit kleine, fijne, groene, winderige land.

Twee maanden lang neem ik afscheid van dit land van mijn hart en zal ik leven in Turkije. Toen ik op mijn tiende met mijn ouders uit Turkije emigreerde, heb ik dagenlang moeten huilen om het afscheid van al mijn dierbaren en van huis en haard. Nu, vierentwintig jaar later, verliet ik

Nederland, mijn thuis, met tranen in de ogen en met pijn. Ik mis mijn dierbaren nu al, ook mijn thuis is mij lief. Ondanks dat het maar om twee maanden gaat en Turkije mij zeker niet vreemd is, heb ik het moeilijk om het land te verlaten dat het mij mogelijk heeft gemaakt om dat te kunnen zijn wat ik nu ben. Het land van herkomst heb ik nooit geïdealiseerd, maar me wel gerealiseerd. Ik heb altijd geweten dat de kansen die het sociale Nederland mij heeft gegeven, nooit mogelijk zouden zijn geweest in Turkije – om te beginnen een fatsoenlijke studiebeurs, waardoor ik heb kunnen studeren zonder vermogende ouders.

Eenmaal in Turkije en na het lezen van de Turkse krant *Milliyet*, is het eerste wat me opvalt dat ik tien keer meer geïnteresseerd ben in het nieuws over Nederland. 'Vrijheid van geloof in Nederland' staat in de krant – ik word er meteen door getroffen. Een grote foto van Tweede-Kamerlid Nebahat Albayrak, mijn vriendin, raakt mij emotioneel. Ik zie haar niet vaak in Nederland, maar opeens mis ik haar. Turkije is, ondanks de islamitische partij, verbaasd dat hoofddoeken in de openbare gebouwen in Nederland zijn toegestaan en dat zelfs de politie het uniform aanpast. De krant stelt allerlei vragen en Nebahat legt trots uit dat de democratie dit alles mogelijk maakt. Voor haar moet dat gevoel ook bijzonder zijn; ze doet haar werk in Nederland en dat wordt in haar land van herkomst ook bekroond: Turkije is trots op haar.

En zoals zij en ik zijn er meerderen, ook van andere nationaliteiten. Nederland mag trots zijn op zijn onderwijs en de regering moet er alles aan doen om het onderwijs niet achteruit te laten gaan. Want wij mensen kunnen alleen als de wind zijn als het land – en vooral onderwijs – welvarend blijft!

Droomt u in kleur of zwart-wit? vroeg een klein kind in het vliegtuig. Een mooie vraag vond ik het, maar ik had er nooit over nagedacht, ik hoorde alleen maar de vraag: droom je in het Nederlands of Turks? En daarop wist ik het antwoord: ik droom taalloos of taalvol. Soms spreek ik Frans in mijn droom en dan ben ik verbaasd dat ik het begrijp. Maar de kleur, dat wist ik niet.

Ik ben weer thuis. 'Heimwee' is het toepasselijke woord – zwaar overdreven, want ik was maar een week weg. Door internet zou je je overal thuis kunnen voelen, omdat je contacten waar dan ook doorgaan, maar zien, ruiken en proeven betekenen meer dan een enkel levensteken. Ik heb geprobeerd mijn e-mails elke dag te openen, als het me lukte een verbinding te krijgen, wat me niet overal lukte.

Een van de mails die ik ontving, was toch wel een heel afwijkende, die veel vraagtekens opriep. Mijn column van vorige week vond de schrijver maar raar, vreemd en niet af. Want hoe durfde Nebahat Albayrak, een Turkse, zomaar over haar land Nederland te juichen, voor aangepaste uniformen bij de politie en voor de hoofddoeken te zijn, en wie was ik dan met mijn grote mond om het daarmee eens te zijn?

Het is frappant te zien hoe een ander iets leest en dat totaal anders kan interpreteren dan jijzelf. Dan moet men ook begrijpen waarom er zoveel verschillende christenen, moslims en joden zijn. Ieder begrijpt de bijbel, koran, thora, naar eigen denk- en leefvermogen. Maar helaas beschikt niet iedereen over een gróót vermogen. En ik denk dat dat de grootste frustratie van communicatie is.

Ik heb in mijn column van vorige week mijn trots geuit,

trots op het Nederlandse onderwijs, de bollen die vanuit het buitenland komen en het hier in de groei en bloei zo goed doen, net als de tulp. En Nebahat was een van die bollen, en wat zij zei was niet de inhoud van mijn column. En de opmerking: hoe durft die Turk wat te zeggen, is op zich al fout, want die Turkse is wel Tweede-Kamerlid.

Wat betreft mijn grote mond, ik heb nooit gezegd dat ik het eens ben met de hoofddoeken, maar ook nooit gezegd: oneens. Het Nederlands gezegde 'vlees noch vis' komt dan om de hoek kijken, maar ik vind niet dat ik hoef te kiezen. Kiezen is aan de vrouwen die een hoofddoek dragen. Mijn opa heeft mij geleerd dat de hoofddoek door de profeet is aanbevolen als bescherming tegen hitte en kou, voor een vrouw, en ik denk dat het door de jaren heen is misbruikt door de man en zijn hebzucht, de toe-eigenlust; hij alleen wil zijn vrouw zien en de schoonheid niet delen met andermans ogen.

Sommige vrouwen vinden dat een mooie theorie, sommige zijn slachtoffer en sommige vrouwen doen het vanuit zichzelf. Ik vind bescherming tegen hitte en kou nog altijd de meest logische verklaring voor een hoofddoek en al het andere vind ik irrelevant, maar respect voor ieders mening, geloof en uiting heb ik.

De buitenlanders moeten zich ontwikkelen en integreren en sommige slagen daarin, maar dan moet men niet verbaasd zijn dat ze dan ook een stem krijgen, waardoor de communicatie niet altijd makkelijker wordt maar wel kleurrijker. Dat is toch wat we willen, want wie wil er zwart-wit leven, laat staan zwart-wit dromen?

Het leven, een supermarkt

Supermarkten zijn ontmoetingsplekken, er gebeuren daar vaak onverwachte dingen. Albert Heijn in Heemstede is voor mij meer een toneelvoorstelling dan alleen een ontmoetingsplaats. Ik kom er elke dag. De golfers, paardrijders, hockeyers, Jaguar-rijders, Landrover-rijders (ik lease er zelf één), huisvrouwen van wel verdienende mannen, carrièrevrouwen die ook een fantastische huisvrouw willen zijn, zakenmannen die zelden tijd hebben en met hun telefoon haastig door de voedselafdeling rennen, kinderen die eens iets gewoons willen eten, chagrijnige mensen die moeite hebben om te bedenken wat te eten vandaag, lopen onbekend en onbemind door elkaar heen. Inmiddels was ik gewend aan ieder soort mens, overal trouwens. Maar vorige week, toen ik weer in Nederland was, viel me in diezelfde supermarkt een vrouw op. Een oudere dame rond de zeventig maakte bij elk product een berekening. Ze had een kleine rekenmachine in haar handen en toetste de prijs van het product in en legde het vervolgens terug. In haar karretje lagen brood en een pakje Becel. Ik was haar gaan volgen. Tien minuten lang had ze elk product na berekening weer teruggezet. Ik kon mijn nieuwsgierigheid niet bedwingen en vroeg haar waarom ze alles weer teruglegde.

'Al een paar maanden schrik ik bij de kassa van het bedrag dat ik moet betalen. Ik betaal voor een kleine zak boodschappen vijftig euro, omgerekend 110 gulden. Vroeger kocht ik voor dat geld een kar vol eten. Ik sta behoorlijk rood en kreeg van mijn kleinkinderen het advies mee om met een rekenmachine boodschappen te doen. En nu ik elk product omreken naar guldens, zijn ze niet veranderd in prijs, maar in valuta. Melk kostte vroeger 1,21 gulden en nu 1,28 euro: meer dan het dubbele voor hetzelfde. Nee, de euro heeft ons geen goed gedaan. Is er nu niemand die hier controleert en ons consumenten beschermt tegen het eurobedrog?'

Ik stond met mijn mond vol tanden, ze had zo gelijk. Als student deed ik ook boodschappen op deze manier en telde ik elke cent om op een bedrag uit te komen dat ik me kon permitteren. Maar mijn troost was altijd: ooit heb ik geld genoeg om te kunnen kopen wat ik wil. Maar deze dame had geen ooit, ze moest het doen met wat ze had. En de economie maakte het er niet gemakkelijker op. Alle prijzen zijn 'verdubbeld', maar de lonen en uitkeringen niet.

In Italië merkte ik dat de prijzen aanzienlijk lager waren, maar daar klaagden ze over andere nadelen van de Europese Unie. De slager klaagde over de hygiëne en veiligheidswetten en regels binnen de EU. Vlees, kaas, alles werd extra gecontroleerd. Zelfs zijn assistent had opeens meer rechten, hij moest hem, volgens de normen van de EU, meer betalen. Met dat soort dingen hebben veel Italianen moeite.

En nu in Turkije zie ik wat ze allemaal aan het veranderen zijn om bij de EU te mogen komen. Elke dag staat er wel iets in de krant wat is veranderd om aan de EU-normen te voldoen. Hoe gelijkwaardig is je relatie als je motto is 'heb mij lief en ik doe alles voor je'? Maar goed, Turkije is ook wel aan veranderingen toe.

Mijn leven is nu omgedraaid, alle verschillen die ik in Nederland zag ten opzichte van Turkije, zie ik nu in Turkije ten opzichte van Nederland. Uiteindelijk is ons hele leven één grote supermarkt: de macht van de natuur beslist de hoogte van de prijzen en hoe je betaalt. Maar je hebt ook het verstand om alles te beïnvloeden, behalve het einde.

Evenwicht in goed en kwaad

Een koning zei tegen zijn knecht: 'Ga het land in en zoek voor mij een lelijk, vies, slecht, vals, hebberig en waardeloos dier.' De knecht ging het land in en vond een klein, miezerig, vies hondje, dat in een hoekje lag te slapen. De man deed het een halsband om en nam het mee naar de koning. De hond was zo blij dat hij wat aandacht kreeg en dat hij nu eindelijk een kameraadje had, dat hij kwispelend met de knecht meeliep.

Onderweg kwam de knecht een vriend tegen. De vriend vroeg: 'Wat moet je toch met die vieze lelijke hond?' De knecht zei: 'De koning vroeg om iets slechts, fouts en vals en ik denk dat deze hond wel geschikt is.'

De hond hoorde dit en werd bedroefd. Hij realiseerde zich dat hij helemaal geen maatje had. Hij probeerde met alle kracht de halsband van zijn nek te krijgen en weg te lopen, waarop de knecht vroeg wat er aan de hand was. De hond antwoordde: 'Ik dacht dat ik een vriendje had gevonden, maar jij had heel andere redenen.' (Jammer overigens dat honden niet kunnen praten.) Op dat moment besefte de knecht hoe verkeerd zijn handelwijze was geweest.

Hij nam de halsband van de hond af en deed hem om zijn eigen hals. Hij ging naar de koning en zei: 'Ik denk dat het lelijkste dier de mens is, daarom heb ik mezelf gebracht.'

Zijn mensen echt zo slecht, of zijn ze juist zo goed? We weten allemaal dat er slechte en goede mensen bestaan en dat zowel goed als kwaad in ons zit. Onze hersenen maken de keuze.

Een jaar vol slecht nieuws, een jaar vol nieuws over leiders in de wereld die, in het landsbelang, praten, vechten, ompraten en misleiden. Iedereen wil het goed doen voor zijn volk, maar het pakt niet altijd goed uit voor het volk.

Momenteel ben ik weer in Turkije en als ik zie hoe de overheid is omgegaan met haar eigen volk, dan kan ook zij nog heel wat leren. De Turken in Europa zijn altijd gezien als uitschot; de analfabeten die in de jaren zestig vertrokken om werk te vinden – ook het vaderland zag ze liever gaan dan blijven. Helaas werden ze ook niet zo hartelijk ontvangen in de landen waar ze terechtkwamen, hoewel ze het vieze, vuile werk voor weinig hebben gedaan. Elk jaar gingen ze met vakantie naar hun land om hun familie weer te zien, en al het geld dat ze daar achterlieten, kwam natuurlijk ten goede aan hun land van herkomst. Maar dat land heeft ze nooit op handen gedragen en ze altijd behandeld als domme mensen.

Ik zie een artikel in een Turkse krant met als kop: 'We moeten aardiger zijn voor onze Turkse toeristen. Wie dat niet is, krijgt een boete.' In Turkije zijn de gewone mensen altijd aardiger geweest dan de overheid en ik ben blij dat de overheid dat nu eindelijk wil veranderen. De verantwoordelijke minister is liberaler, aardiger en vrijer gebleken dan men dacht.

En dan hebben we ook nog eens het goed en kwaad in onze kleine omgeving; je familie, bakker, baas, collega. De leider daarvan ben je zelf, ook al is de begeleider iemand anders.

Ik wens u allen een goede zomer en dat het enige kwaad de regen mag zijn. Tot september!

Tijden veranderen

De vakantie is voorbij. Het was ook helemaal geen vakantie, ik wilde in de zomer werken aan mijn nieuwe voorstelling, zonder de tijdsdruk om een column te moeten produceren. Het is nu twee maanden later en ik ben weer letters aan het tikken, die uiteindelijk een woord vormen en vervolgens uitmonden in een verhaal.

Het is de tijd die zo snel aan ons voorbijgaat, of misschien gaan wijzelf ook vaak aan de tijd voorbij. De tijd staat niet stil, maar wij staan ook niet stil bij het feit hoe snel dingen veranderen of kunnen veranderen. Vele dingen nemen we voor lief, het is er gewoon, alsof het nooit zal veranderen. En de dag dat het verandert, zijn we verbaasd en hebben we er zelfs pijn van. We kunnen niet bedenken dat verandering leven betekent, en dat elke verandering nut voor het leven heeft.

Elke ontwikkeling in ons is een beweging, een vooruitgang. Het hangt er natuurlijk ook van af hoe je je ontwikkelt, maar wat voor een ander een achteruitgang betekent, hoeft nog niet daadwerkelijk een slechte ontwikkeling te zijn. Het kan ook 'goed voor jezelf' betekenen.

Er is veel gebeurd in twee maanden tijd, zoveel dat ik me afvraag hoe dit alles in twee maanden kon passen.

Terwijl mijn ene vriendin zwanger is geraakt, heeft een andere vriendin een miskraam gehad. Mijn ene vriend heeft een huis gekocht en bij de andere is zijn huis afgebrand; hij woonde boven een gaswinkel. De relatie van dertien jaar van een goede vriendin is verbroken door haar vriend, omdat zij niet meer in zijn perceptie van een levenspartner past. Mijn buren hebben hun huis verkocht, want ze gaan emigreren naar Spanje. Mijn pianist die bij mij weg is gegaan om zijn dromen waar te maken, is hard bezig om dat te doen. De hitte is dé nieuwkomer van Nederland, die kwam zonder visum en mag blijven.

Ik vroeg aan een vriend wat er in Nederland nog meer was gebeurd en hij zei: 'Een Marokkaan is neergeschoten door een Nederlandse politieagent.'

En de pijn komt weer opzetten met het noemen van nationaliteiten, terwijl het gewoon gezien zou moeten worden als een schietpartij van een politieman tegen een burger, zonder de nationaliteiten erbij te halen. Zal de tijd dit ooit veranderen?

Tijd heelt alle wonden, maar als de snee blijft terugkomen, dan heeft elke wond weer nieuwe tijd nodig om te helen; een proces van herhalingen.

'Hoe gaat het met het kabinet?' vroeg ik.

Hij vroeg: 'Is er nog een kabinet?'

Het antwoord zal wel in die vraag zitten, denk ik dan.

De tijd, ja die goede oude, jonge, mooie, lelijke tijd, hangt inderdaad af van hoe je hem zelf invult. Blijf je vastzitten in je verleden, ben je een dromer over de toekomst of geniet je van het hier en nu?

Ooit heb ik geschreven op een herfstblad, aan de man op wie ik intens verliefd was: 'Ik wil je elk jaargetijde liefhebben.'

En dat was toen ook zo, maar met de tijd verandert de wil ook. En dat is mooi, wanneer de tijd een goede vriend zou worden van onze wil... De tijd vergaat, wordt gezegd. Ik zeg liever 'de tijd baart en verandering baart kunst'.

Hallo tijdvolle, tijdloze, tijdelijke lezers van me, ik ben weer terug!

Het wordt steeds leuker

Nu ik weer terug ben, moet ik ook alles weer bijhouden. Vooral mijn administratie, die nogal verward is door mijn afwezigheid. Gisteren had ik een bericht op mijn antwoordapparaat. Het was een meneer van de Belastingdienst. 'Wilt u mij terugbellen, het gaat om een dwangbevel.' Het was een dwingende boodschap. In paniek belde ik terug.

Ik had meteen die meneer aan de lijn; het was heel prettig een instantie te bellen en de persoon meteen aan de lijn te krijgen in plaats van minimaal twee keer doorverbonden te worden. Ik zei: 'Ik reageer op uw telefoonbericht en hoop dat het dwangbevel niet heel erg is.'

'Klonk ik zo streng?' vroeg hij.

'Nee, u niet, maar het woord dwangbevel is nogal dwingend.'

Hij moest lachen. 'U hebt nogal wat betalingsachterstand.'

'Ja, dat klopt, ik ben lang weggeweest.'

'Ja, maar deze achterstand is van het jaar 2001.'

Nee, zo lang was ik niet weggeweest. Ik ben de vrouwsoort die alle vooroordelen over vrouwen bevestigt, ik denk zelfs dat ik vele vooroordelen over vrouwen de wereld in heb geholpen. Ik rij altijd fout, verdwaal constant, kan niet inparkeren, begrijp niets van auto's en computers, kan geen schroef indraaien, ben een warhoofd met administratie en ik heb heao gedaan.

'Ja, weet u, ik heb het zo druk met artistieke dingen dat ik niet meer toekom aan de administratie.'

'Dat begrijp ik.'

Wat een aardige belastingman was dit, hij begreep mij.

'Misschien moet u het uitbesteden,' zei hij wijs.

'Dat heb ik gedaan, maar ik moet alles op tijd naar mijn boekhouder sturen en zelfs daar kom ik niet meer aan toe, ik ben echt helemaal verdwaald in mijn administratie, ik zie door de papieren de letters en cijfers niet meer.'

'Heeft u geld? Want dan is er niets aan de hand.'

'Ja, ik heb geld,' zei ik zonder na te denken, want dan was er niets aan de hand en meteen nadat ik dat had gezegd, was ik in paniek. Ik dacht: misschien denkt hij nu wel: aha ze heeft geld, kijken hoeveel belasting dat oplevert.

Ik vroeg hem: 'Maar om hoeveel geld gaat het?'

Hij begon te tellen. 'Vijftig plus honderd, honderdvijftig...'

Het werd duizelig in mijn hoofd. Ik dacht: zoveel honderdduizenden euro's heb ik helemaal niet. Maar hij had het over die bedragen zonder nullen, dus dat viel mee.

'Het valt wel mee hoor, maakt u zich maar geen zorgen,' zei hij geruststellend.

'Wat bent u aardig, nu ik u zo hoor, ga ik bijna de reclame van de Belastingdienst – die het niet leuker, maar wel gemakkelijker kan maken – geloven. Ik zou u willen uitnodigen mijn voorstelling te zien, maar dat mag, geloof ik, niet.' Want ik had een keer iemand van de belasting willen uitnodigen, maar hij zei meteen: 'Dat kunnen we niet aannemen; dat kan vallen onder omkoperij.'

'Nee,' zei hij, 'ik kom een keer kijken en ik koop mijn eigen kaartje.'

Ach, wat een eerlijk heerlijk land. In Turkije zou een ambtenaar een theaterticket ook niet aannemen, maar alleen omdat een theaterticket te weinig is om aan te nemen.

'Weet u wat u doet: u laat uw accountant mij bellen, en dan leg ik het hem uit, en als u de boetes betaalt, dan is het in orde.'

Geordend hing ik de telefoon op en ik voelde opluchting. De service bij de belasting was beter dan bij de bakker. Het is niet meer bij te houden.

Kruimels van Pim

Stel: je hebt een baas en hij klaagt elke week over wat je slecht hebt gedaan. Maar nooit uit hij zijn tevredenheid over de goede dingen die je hebt gepresteerd. Dat neemt toch je energie weg om nog meer je best te doen? En alleen klagen helpt niet om enige vooruitgang te boeken.

En dat geldt ook voor buitenlanders, allochtonen, vreemdelingen, nieuwkomers en migranten.

Alleen ik kan al zó honderd buitenlandse namen noemen van mensen die het goed doen, en dan heb ik het alleen over bekende namen, want ik ben slecht in het onthouden ervan.

Deze maand is het zes jaar geleden dat ik voor het eerst voor *Het Parool* schreef en als ik mijn columns van toen nu lees, dan begrijp ik dat ik vaak verdwaal.

Ik verander, maar de wereld blijft hetzelfde. En misschien is dat wel een verkeerde omschrijving; er wordt altijd gezegd: alles verandert, maar dat is helemaal niet waar.

Je kijk op dingen, gevoelens, meningen, ideeën, materie, natuurvelden, verandert, de technologie verandert ook, en dat brengt een ritme van versnelling met zich mee. Maar wetten, systemen, regimes, dictators (tenzij Amerika ingrijpt), blijven hetzelfde. En het ergste: sommige kronkelgedachten blijven ook hetzelfde.

Lang dacht ik dat racisme, haat, onrechtvaardigheid, iets voor domme mensen was. Maar nu merk ik dat de grootste intellectueel (wie dat dan ook mag zijn) het ook in zich heeft. Deze gevoelens hebben niets, maar dan ook niets met intellect te maken. Helaas was Adolf Hitler een heel intelligente man.

Sinds Pim, voor mij nog altijd de lekkerste koekjes, is het

helemaal in om te zeggen wat je denkt.

Maar men vergeet vaak dat wat men vindt een mening is die lang niet voor iedereen geldt.

Ik had de illusie dat de culturen op weg waren een eenheid te worden.

Maar als ik terugkijk, dan kan ik de columns van zes jaar geleden zo overschrijven. Alle zijn nog even actueel. Er verandert niets op dat gebied.

Toen Ischa Meijer in 1995 in zijn radioprogramma zei: 'Wij zorgen toch goed voor onze allochtoontjes', was dat cynisch, ironisch, shockerend en geestig voor veel luisteraars. Nu, na acht jaar is dit zo'n beetje de mildste grap die er bestaat.

Je bent een tutje of, nog erger, je bent saai als je niet vloekt, scheldt, schopt en vooral shockeert.

Laatst zei een man tegen mij, ik noem hem Meneer Intellectueel, want zo noemt hij zichzelf ook: 'Als iedereen nou in zijn eigen hok blijft, dan is er niks aan de hand. Kijk maar naar jou, jij bent een Turk, daar kun je ook niks aan doen – haha – en hou jij je maar gewoon bezig met de allochtone dingen. Je moet eigenlijk helemaal niet schrijven over gevoelens. En die Turkse vrouwen in de Tweede Kamer, waar is dat nou goed voor? Ja, voor de stemmen van de allochtonen op die partij, maar verder moeten ze daar eigenlijk niks doen. Helaas is het zo: door die oneindige democratie hebben de allochtonen nu eenmaal ook rechten gekregen. Maar goed, daar is niks aan te doen. Maar de beslissingen over Nederland moet je gewoon aan Nederlanders overlaten.'

(Helaas is er niemand in de Tweede Kamer die wat over de westerse mannen zegt...)

Dat is dan eigenlijk het enige wat is veranderd: je mag alles zeggen, hoe grover hoe beter.

Vragen over zoveel

Een vraag ontstaat meestal als je iets niet begrijpt of als iets je intens verbaast. Zo heb ikzelf een paar vragen die voortkomen uit mijn verbazing. Ik ben verbaasd dat men Albert Heijn boycot omdat de topman zoveel ging verdienen. Ik had eerder een boycot verwacht vanwege de hoge prijzen sinds de euro is ingevoerd. De guldens werden euro's, maar niets werd de halve prijs, terwijl de euro toch meer dan het dubbele waard is, zelfs twintig guldencent meer dan het dubbele. Geen cent te weinig, alles werd absurd duurder. Ik had me kunnen voorstellen dat men uit protest niet meer bij Albert Heijn ging kopen. De kleine kruidenier heeft interesse in andere kruiden dan de natuurlijke.

Protesten omdat iemand zoveel verdient, probeer ik te begrijpen, maar dat lukt me niet zo, want dan kunnen we nog wel even doorgaan. Ik heb ergens gelezen hoeveel de topman van KPN verdient; moeten we nu stoppen met bellen? En zo zullen er wel meer topmannen of -vrouwen zijn die top verdienen.

Intussen hoor ik op de radio dat er nu pas een wetsvoorstel is om kindermishandeling strafbaar te stellen. Was dat er al die tijd dan niet?

Er bestaan zelfs stichtingen voor de rechten van het ongeboren kind en wanneer ze geboren worden, mogen ze uiteraard niet mishandeld worden – maar dat is niet strafbaar volgens de wet. Misschien dachten ze dat het kind weghalen bij de ouders al een grote straf op zich was.

Ik ben een column aan het schrijven en er gebeurt van alles: mijn vriendin belt en vertelt haar ervaring van het weekeinde in de polikliniek.

'Nil, sinds jij in mijn leven bent, heb ik een speciale binding met Turkse mensen. Ik zat te wachten met mijn man in de polikliniek, want hij had zijn hand gesneden bij het openen van een sardineblikje, en het was avond. Een Turkse dame zat met haar zoontje op schoot ook te wachten. Het kleine jongetje had heel veel pijn, ik denk dat zijn arm uit de kom was geschoten. Maar hij hield zich zo braaf in, met stille tranen in zijn ogen. Het werd later en later, het jongetje begon in slaap te vallen, en de moeder, die voortreffelijk Nederlands sprak, echt waar, klopte op de deur van de dokter of hij nu niet naar haar zoon wilde kijken, want hij begon in slaap te vallen. Toen zei de dokter, op een denigrerende toon en in gebrekkig Nederlands: "In Nederland in het ziekenhuis is het wachten, wachten, wachten." '

'De dame bleef netjes en ging verstijfd weer zitten. Ik wilde iets doen, maar dacht dat ik haar dan misschien zou beledigen, want ze spreekt zo goed Nederlands, dat ze zichzelf ook kan verdedigen.'

Terwijl ik naar haar luister, gaan mijn ogen over de pagina van de krant die voor mij ligt. Ik kijk naar een grote foto, een advertentie van Sire: een kat in een netpanty. De waarschuwing dat je niet zomaar een huisdier moet nemen, vind ik waardevol, maar intussen denk ik aan die kat in het net. Het ziet er pijnlijk uit. Dit is toch dierenmishandeling, of zouden ze een stuntkat gebruikt hebben?

Mijn man, Noyan, komt de kamer binnen met de vraag: 'Nil, waarom eten Nederlanders met sinterklaas pepernoten?'

Over die vraag moest ik even nadenken...

Groter worden dan je bent

Première, een hoogtepunt van kunstzinnig werk. Ik had nog nooit een filmpremière meegemaakt en nu ging ik naar de première van *The empiror's wife* in België. Julien Vrebos is de regisseur. Van hem had ik nog nooit een film gezien.

Hij is tevens de regisseur van de film van mijn boek *De garnalenpelster*. Normaal zie je eerst een film van een regisseur en pas daarna kies je hem uit. Ik had Julien ontmoet tijdens de opnamen voor een Belgisch tv-programma en mijn gevoel zei dat hij het moest zijn. Dat klinkt heel gek – en dat is het ook – maar ik geloof nog altijd dat gevoelens niet liegen.

Nu zag ik zijn film en ik was verbijsterd. Hij was het echt. Er zijn niet zo veel films waardoor ik diep word geraakt. Als ik ze moet opnoemen, dan zijn er maar twee films waar ik verbijsterd over ben: *Il postino* en *In the mood for love*. Maar dit was er weer één. Dit zijn momenten dat ik voel dat ik leef: de creatie van een ander die jouw ziel raakt.

De première zelf was zonder poeha. Ik had een simpel zwart pak aan en was overdressed. In België hadden ze dus ook een 'doe-maar-normaalcultuur'. Kleding mag dan niet zo belangrijk zijn, het oog wil toch ook wat.

Maar ja, de meeste intellectuelen horen ook niet om kleding te geven, en ook vooral niet te schoon te zijn.

Eigenlijk heb je maar een paar soorten intellectuelen: schone en vieze, luxe en alternatieve. En je hebt ook nog valse, die zich schoon voordoen maar gewoon vies zijn.

Vorige week beleefde ik mijn eerste première in Nederland, *Phileine zegt sorry*. Veel camera's, glamour, toeters en bellen...

De hoogtepunten van de avond waren de glimlach van Boris Dittrich, die recht uit zijn hart kwam, en de speech van Jan Decleir, die over dankbaarheid ging: 'Wees dankbaar want dat is beleefd', hadden zijn ouders, die niet meer in leven zijn, hem geleerd.

Ik denk dat dat het kenmerk is van groot-zijn: jezelf en je waarden en normen niet verliezen.

Sommige acteurs zijn groter geworden dan ze eigenlijk zijn, en dat moet toch ergens in je houding gaan knellen – en dat knellende komt afstandelijk over.

Ik ontmoette een bekende van vroeger, maar ik wist niet meer waar ik hem van kende. Ik zei het maar eerlijk: 'Waar ken ik jou ook al weer van?' En terwijl ik die zin zei, hoopte ik dat hij het wist, want anders zou het lijken op een truc om een gesprek te openen. Hij wist het nog.

'Dat je me nog herkent na zeven jaar,' zei ik verbaasd.

'Ja, maar ik lees jouw columns in *de Volkskrant* altijd.'

Ik was wel uitgepraat met hem.

Eigenlijk zou het hele leven één grote première moeten zijn, maar ja, wat is een dieptepunt zonder een hoogtepunt.

Dit was een soort boekenbal, maar dan met acteurs. En die zijn iets losser dan teleurgestelde auteurs; misschien krijgen ze meer erkenning. Ik weet eigenlijk niet waar het aan kan liggen, maar acteurs leken op zo'n avond leuker dan auteurs.

Bij het vertrek tikte iemand mij op de schouder en zei: 'Leuk, die column van vorige week over seksualiteit.'

En ik weet zeker dat ik vorige week geen column heb geschreven over seksualiteit.

Zoete integratie

Ik zit naast een dame in de bus naar Sloterdijk. 'Nou, nou, het is jullie alweer gelukt; jullie staan alweer, voor de zoveelste keer, in de schijnwerpers. Ik wou dat ze eens wat aandacht gaven aan de ouderen of de jongeren, hoe het gaat op scholen en met de zorg, die zo zorgeloos is. Wat integratie mislukt? Hebben we niet genoeg gegeten van jullie kebab, shoarma, pizza, mihoen, taco, couscous, tortilla, roti? Ik kook het zelfs thuis. Mijn man smeekt om een gewone gekookte aardappel. Nee, zeg ik dan, het eten ruikt bij de buren lekkerder dan thuis, dus ik kook zoals zij dat doen.'

'Al die vakanties die we doorbrengen in jullie land; mijn dochter is met een Marokkaan en ik accepteer het gewoon; dat had ik tien jaar geleden ook niet gedaan; nou ja, ik moet eerlijk zeggen, ik heb wel moeite met die Antilliaanse vrouw met wie mijn zoon is; die maken wat kinderen en ze is zo agressief dat mijn zoon bang voor haar is. Daar maak ik me dan zorgen om; maar aan de andere kant, dat heeft niets te maken met het feit dat ze Antilliaans is; ze is gewoon agressief, punt.'

'En wat dacht je waar we jullie allemaal tegenkomen; zelfs in de Tweede Kamer. Vroeger kwam ik af en toe een moeilijke artiestennaam tegen; tegenwoordig sla je de krant open en elke krant heeft zijn eigen Turk; in de theaterboeken stikt het van de allochtone namen.'

'Mijn man zei laatst: het zit hem niet in de naam; onze kleindochter heeft een allochtone naam, Dilara, maar ze is gewoon een Hollandse. Dat is ook waar, maar ik kom jullie vaak tegen: op televisie, op de radio, in de krant. Vroeger was het alleen maar gedwongen, bij de dokter of de tandarts of in het ziekenhuis, maar tegenwoordig zie ik jullie zelfs bij Albert Heijn; vroeger was het de Aldi.'

'Nee, we komen jullie steeds meer tegen. Mijn jongste dochter heeft een baas bij haar op kantoor, nota bene een Turk. Nou, vroeger kon een Turk echt niet de baas zijn over een Nederlander in zijn eigen land.'

'De eerste reactie van mijn man was: wat krijgen we nou, da's een mooie boel, maar toen heeft mijn dochter uitgelegd dat ze hem niet als een Turk maar als baas ziet, en dat zijn Turkse afkomst juist leuke dingen met zich meebrengt. Hij neemt af en toe baklava mee naar de zaak; ze nam het een keer mee naar huis. Mijn man vond dat zo lekker dat hij die baas van haar zelfs begint te waarderen. Leuk toch?'

'Als ze daar in Den Haag even niet uitkomen met het beleid, gaan ze het volgens mij maar weer over de allochtonen hebben; ja, laten we maar weer over die eeuwige problematiek beginnen; en als iedereen zich daaraan ergert, kunnen ze even niet op andere problemen letten. Toch wel slim.'

'Trek het je maar niet aan hoor meissie; ik vind dat jullie het prima doen. Kijk, er zijn 13,5 miljoen Nederlanders en 1,5 miljoen buitenlanders. Nou, dan hebben jullie toch aardig je best gedaan om je stem te laten horen, ons de gerechten en gebruiken te leren; we weten meer over jullie dan jullie zelf; dan heb je je toch aardig geuit en dat jullie onze sint niet kennen; ach, waarom zouden jullie, hij bestaat niet eens.'

'Verder zitten jullie al in de zorg, het onderwijs, de journalistiek, ook nog altijd de schoonmaakdiensten, de sociale diensten, het parlement, de artiestenwereld, zelfs in de landmacht; nou, meer macht is ook niet nodig, toch? Ik hoef jullie nou ook niet overal te zien.'

Ik stap uit, we zijn in Sloterdijk.

'Weet je, ik begrijp het eigenlijk niet helemaal.'

'Wat valt er niet te begrijpen, het is toch overduidelijk?'

'Dat vind ik zo stom, wanneer mensen zeggen overduidelijk; praat voor jezelf. Wat voor jou overduidelijk is, is voor mij onduidelijk.'

'Goed dan, wat is er onduidelijk?'

'Ik kan maar niet begrijpen waarom ik op de radio hoor dat er antisemitische opmerkingen worden gemaakt door moslimjongeren.'

'Begrijp je niet wat je hoort?'

'Nee dus.'

'Wat is er moeilijk aan dan?'

'Hoe dat kan, waarom moslims een antipathie tegenover joden uiten. Worden ze soms gevoed met haat door derden, omdat ze zelf niet kunnen nadenken? Of denken ze überhaupt niet?'

'Ik denk dat zij denken dat niemand denkt.'

'Dat betwijfel ik, want als ze een beetje zouden nadenken, zouden ze beseffen hoe dom het is om dat te denken.'

'Hoe lang zijn we al vrienden, David?'

'Vier jaar.'

'Weet je dat ik nooit heb stilgestaan bij het feit dat jij joods bent.'

'Ik heb wel eens gepiekerd over jouw moslim-zijn.'

'Echt waar, waarom dan?'

'Nou na 11 september, al die opmerkingen – dat heeft mij wel eens gestoord, want het raakte mijn maatje.'

'Wat aardig man, maar ik begrijp sommige uitingen wel hoor, men haalt de moslimterroristen en moslimgelovigen door elkaar. Voor terroristen, van welk geloof dan ook, heb ik geen goed woord over.'

'Ik had gisteren een enorme discussie met mijn vader.'

'Ach man, vaders, ik begrijp nou nooit waarom ze ooit vader zijn geworden.'

'Dat is vaak de schuld van moeders, wist je dat?'

'Ach, mijn moeder vind ik gewoon zielig, vijf kinderen met mijn vader erbij, en alles wat ze zegt wordt genegeerd, ook door mij, want haar zielig-zijn irriteert me.'

'Mijn moeder is meer baas dan mijn vader. Ze doen zich bij gasten voor alsof mijn vader de baas is, maar moeder beslist alles bij ons. Zelfs mijn uitgaan bepaalt zij, ook geen pretje.'

'Maar wat was jouw discussie met je vader?'

'Niet boos worden, maar hij zei iets over mijn joodse vriend, en dat pikte ik niet. Dus toen vertelde ik hem dat we allebei hetzelfde zijn, besneden zijn, geen varkensvlees eten, jullie een geschiedenis vol leed hebben en wij die geschiedenis zullen ingaan als Bush niet wordt stopgezet, dat wij een gemeenschap zijn waarin men voor elkaar opkomt en dat we dezelfde foute domme vaders hebben. En dat werd hem te veel, hij werd echt kwaad. Toen greep mijn moeder in, de baas in huis, en zij vond dat ik gelijk had, behalve over die vader dan.'

'Kunnen we niet een keer onze ouders aan elkaar voorstellen? Mijn vader is ook niet te spreken over jouw moslimachtergrond, dus je ouders vindt hij niet bepaald aantrekkelijk.'

'Toch moet er een weg zijn, want mijn zusje Hannah is, denk ik, verliefd op je.'

'Ooh, je weet het dus?'

'Je gaat me niet vertellen dat jullie al wat hebben.'

'Ja, sinds twee weken, ik ben in elk geval al besneden.'

'Maar dat is niet genoeg, dat weet je.'

Ik vertel aan mijn Engels-Turkse man hoe leuk het leven in Nederland is. Hoe logisch. Hoe geordend. Hoe democratisch. Hoe sociaal. Hoe rijk. Hoe bijzonder. Hoe goed we het hier hebben.

Ik koop samen met hem een espressomachine van het merk Jura. Bij De Huismuis in Haarlem. Ja echt, die bestaat, zo heet die winkel. En ze gaan nog muizig met je om ook.

Het apparaat is binnen twee maanden stuk. We gaan ermee terug. Ze vragen of we de doos nog hebben. We hebben wel de dozen bewaard van mijn wasmachine, koelkast, magnetron, tv, stereo, dvd, maar nee, van dit apparaat niet. Vervolgens moeten we 13,59 betalen voor een nieuwe doos. Om die machine van 1250 euro, die we net hebben gekocht, in een doos te laten stoppen en te laten repareren.

Of het gaat nog beter met ons. Ik ga een winkel van Dixons binnen en wil een hele set apparatuur kopen. Totaalbedrag: 19.000 euro. Dat is nogal veel, ik heb er ook vijf jaar voor gespaard. Om voor het eerst in mijn leven mijn eigen apparatuur zelf oud te maken, in plaats van apparatuur die door een ander is gebruikt en oud gemaakt.

De man van Dixons wil al die apparaten één voor één intoetsen in de computer. Niet erg, maar hij moet ook de barcodes één voor één intoetsen, want de scanner doet het niet.

Ik zeg: 'Dit kan lang duren, dan kom ik zo terug.'

Nee, dat kan niet want ik moet tekenen.

'Ja, dan teken ik als ik terug ben.'

Nee, ik moet nu tekenen.

'Ja maar dat duurt te lang, de winkels sluiten over een

halfuur en ik moet nog brood kopen.'

'Nou mevrouw, dan gaat u toch brood kopen', en hij verscheurt demonstratief het formulier.

Zo goed gaat het hier, de winkelier heeft je niet meer nodig, want de winkelier is geen winkelier meer, de zaak is één grote franchise en de mannen die er werken krijgen hun maandloon toch wel, met of zonder jou.

Nee, we hebben het hier heel uitzonderlijk goed.

Fotovakzaak Engel, ook in Haarlem, de zaak heet Engel, maar je krijgt een helse behandeling. Mijn man, die Engels spreekt, wil een fotocamera kopen en gaat naar binnen. Hij spreekt in het Engels en die man snauwt hem toe: 'You are in the Netherlands, we speak hier Netherlands, don't touch the taal!'

Ik kan het niet meer aan en zeg: 'Bedankt, voor het melden waar we zijn. We dachten dat we in Afrika waren...'

Mijn man wil hier niet wonen. 'Eén week in de maand is niet alleen goed voor ons huwelijk, maar ook voor mijn gemoedstoestand. Ik word hier niet gelukkig,' zegt hij.

In Turkije is het één psychische therapie op straat. Je loopt langs een groenteboer, hij geeft je een appel en wenst je een goede dag. Je hebt niet genoeg geld bij de bakker, hij zegt laat maar, kom een andere keer.

Dat soort uitingen van vertrouwen en gulheid maakt je blij op zo'n dag. En in Turkije hebben ze het niet eens zo ruim.

Hier in Nederland zijn de mensen rijk, maar ze zijn ongelukkig en dat laten ze ook de klant merken.

Wat dat betreft is het misschien wel goed dat er een economische crisis komt. Dan kunnen we tenminste meer aandacht, meer service, vaker glimlachen en meer vriendelijkheid verwachten.

Heldere oogkleppen

'En?'

'Wat en?'

'Hoe was het?'

'Hoe denk jij dat het was?'

'Dat kan ik niet weten.'

'Vind je het niet een stomme vraag?'

'Nee, ik toon mijn interesse.'

'Het was pijnlijk, oké?'

'Ja. Dat had ik zelf ook kunnen invullen.'

'Waarom vraag je het dan?'

'Ik vraag het niet om te horen wat ik al weet, ik vraag het omdat ik een soort medegevoel wil tonen.'

'Bedankt voor je medegevoel, maar ik denk dat je het niet kan voelen.'

'Nee, niet letterlijk, maar wel figuurlijk.'

'De daad deed geen pijn, het was meer het gevoel.'

'Nu begrijp ik je niet, dit wilde je zelf.'

'Ja, maar niet omdat ik het gevoel niet had, maar mijn overtuiging was sterker dan mijn gevoel.'

'Ik begrijp het.'

'Nee, je kan het nooit zo begrijpen zoals ik.'

'Goed, ik kan het niet voelen zoals jij en ook niet begrijpen zoals jij, maar ik heb wel een voorstellingsvermogen en daar doe ik het dan maar mee. Kom, ik breng je naar huis.'

'Ik wil eigenlijk niet naar huis, ik wil even ergens zitten en wat eten.'

'Goed, we gaan eten. Ga je het hem vertellen?'

'Nee, natuurlijk niet.'

'Waarom is dat zo natuurlijk?'

'Omdat het nogal een onnatuurlijke situatie is.'

'De situatie mag dan onnatuurlijk zijn, maar de daad is een nogal natuurlijk proces.'

'Lieve schat, die man heeft een heel hoge positie in zijn werk, een grote verantwoordelijkheid in zijn huwelijk, denk je nou echt dat ik het kan maken om hem dit te vertellen?'

'Hij kon het toch ook maken om met jou wilde nachten door te brengen.'

'Ja, maar dat was iets anders.'

'Misschien had hij het kind wel willen houden, misschien was dit voor hem een turnover in zijn leven geweest. Misschien had hij eindelijk zijn vrouw eerlijk kunnen vertellen dat het voorbij is tussen hen en dat dit zijn nieuwe start is. Misschien was een nieuw kind een nieuw leven voor hem.'

'Ja, misschien, maar dat is het niet, hij moet niet voor mij kiezen om een kind.'

'Dat is waar, maar ik vind toch dat je het hem had moeten vertellen, en dat jij hier met hem had moeten zitten in plaats van met mij.'

'Ik ben nog nooit met hem in het openbaar ergens geweest, dus zeker niet in een ziekenhuis.'

'Weet je waarom dit soort mannen het gemakkelijk heeft? Omdat de vrouwen vaak labiel en dom zijn.'

'Als ik niet wist dat je van me hield, nam ik het je kwalijk wat je zei, maar ik denk dat je nog gelijk hebt ook.'

'Wat nu?'

'Ik ga ermee stoppen, denk ik.'

'Denk je?'

'Ja, dat denk ik.'

'Laten we toosten op een kind van wie we het leven hebben gered?'

'Gered?'

'Ja gered, om ooit te vertellen dat hij/zij een machtige vader heeft die eigenlijk met zijn moeder zijn andere kinderen en zijn vrouw belazerde, en dat hij/zij daaruit voortgekomen is, en dat mama een bewust tweede keuze is. Ja, ik vind dat je zo'n kind hebt gered.'

'Op de redding dan.'

'We houden onze oogkleppen altijd bij de hand, voor het moment dat we ze moeten gebruiken. Dit is er één van.'

Licht uit, gordijnen dicht

'Het is toch wat hè, zo'n meid, zo jong en zo zielig?'

'Ik wil eigenlijk niet bij haar afrekenen.'

'Wat maakt dat nou uit?'

'Ik vind dat niks. Vroeger liepen ze op straat en dan liep ik een blokje om. En nu staan ze zelfs aan de kassa in mijn eigen Hema.'

'Ach lieverd, tijden veranderen.'

'Nee, mijn Hema niet. Het moet niet gekker worden; dat ziet er toch niet uit; het is toch geen gezicht; het past hier gewoon niet.'

'Wat maakt het nou uit; er staat ook wel eens een heel dikke, vette vrouw, die ik akelig vind; nou, dan reken ik ook af. En ik heb liever zo'n meid met een glimlach dan die dikkerd.'

'Het is een principekwestie, mens; als we al die doekies overal toelaten, worden we straks omringd door moslims en daar heb ik geen zin in.'

'Ach man, wat kan jij overdrijven; het is gewoon een lief meissie aan de kassa.'

'Jij hebt geen inzicht; heb je nooit gehad ook; jij kan gewoon niet verder kijken dan je neus lang is. Ik ben een man van de toekomst; ik zie het heel helder.'

Ik hoor het stel aan dat achter mij in de rij voor de kassa staat.

'Krijg je wel eens klachten over je hoofddoek?' vraag ik het meisje aan de kassa in het Turks.

'Niet van mijn collega's maar wel eens van de klanten; die stellen de gekste vragen. Waarom ik het doe; of het moet van mijn vader. Een keer heeft een man tegen me gezegd dat hij echt niet opgewonden raakt van al dat haar.

Geen haar op mijn hoofd dat op jouw haar valt, zei hij. Ik moest er wel om lachen.'

'Je bent in Nederland,' hoor ik de man achter mij mompelen. Ik draai me om en zeg in het Nederlands: 'Wat een grote doos met spekjes is dat; u lijkt wel een snoeperd.'

'Dat is voor onze Sint-Maarten, maar daar doen jullie niet aan.'

'Oh jawel hoor, maar ik geef altijd mandarijntjes; die zijn veel gezonder dan snoepjes.'

'Maar het is toch bij jullie ramadan?'

'Ja, ook.'

'Nou, dan doen jullie toch niet aan Sint-Maarten?'

'Ik ben jarig op Sint-Maarten.'

'Maar het is toch ramadan bij jullie?'

'Ja, ook.'

'Wat doen jullie dan? Zeker de gordijnen dicht, licht uit en de deur niet open?'

'Ze zegt toch dat ze mandarijnen geeft? Sorry, mijn man is een beetje doof.'

'Oost-Indisch?' zeg ik.

'Jij hebt het door,' lacht ze.

Het meisje achter de kassa zegt: 'Vorig jaar liep ik met mijn zusje; kreeg ze extra snoep omdat ze haar zo apart vonden. Een dame zei zelfs: ach, een klein moslimaatje aan de deur; die krijgt zeker wat. Ze vroeg ook of we een Sint-Maartenlied konden zingen in het Turks.'

'Kan jij mij uitleggen waarom jij geen hoofddoek hebt en zij wel?'

'Nou, omdat Jan op zondag wel naar de kerk gaat en Piet niet,' zei ik opgelucht.

'Laat onze kerk erbuiten.'

Wat is de wereld toch vermoeiend met dit soort mensen erin.

Gisteren was het Sint-Maarten. Mijn lichten waren uit

en mijn gordijnen dicht. En dat was niet omdat het bij ons ramadan is, maar omdat ik bij het balletgala in het Muziektheater zat.

'Ik heb u in april ook gesproken, toen kwam mijn zus voor mijn bruiloft, en nu komt ze voor mijn première.'

'Ja, dat zijn toch twee verschillende dingen.'

'Dat weet ik ook wel, maar ik bedoel ermee te zeggen, dat mijn zus toen ook heeft bewezen dat ze weer terug is gegaan en niet illegaal in Nederland is gebleven.'

'Ja, maar je kan niet zeker genoeg zijn.'

'Nee, dat klopt. Maar meneer, mijn zus heeft ooit in Nederland gewoond, en ze vond het niet leuk om een Turk te zijn in Nederland, dus wilde ze liever een Turk zijn in Turkije.'

'Zo zien wij het graag.'

'...???...!!!... Daaruit blijkt dus dat ze totaal de wens niet heeft om hier te blijven. Ze komt voor mijn première op 17 november en gaat 19 november weer terug.'

'Dat kan, maar dan moet ze eerst bewijzen dat ze uw zus is, en dan moet ze bewijzen dat ze werk heeft.'

'Mijn zus werkt bij Re/Max, dat is een Amerikaans makelaarsbedrijf.'

'Ja, dat moet ze dus bewijzen. Ik kan ook zeggen dat ik de koning van Nederland ben, maar dat moet ik dan ook bewijzen hè?'

'Hoe kon het dan dat ze in april voor mijn bruiloft zo gemakkelijk een visum kreeg?'

'Nou, wellicht was het een uitzondering omdat de burgemeester je huwde.'

'Maar het gaat om dezelfde persoon.'

'Nou mevrouw, we kunnen hoog en laag praten, maar zij moet van alles bewijzen. En u ook. Regels zijn regels.'

'Ik heb een uitnodiging bij de gemeente moeten halen,

dus ik heb me echt aan regels gehouden.'

'Nou, dan bent u er nog niet, hoor. U moet een werkgeversverklaring, uw maandelijkse salarisstrook, een verblijfsvergunning, bankpapieren en een kopie van het paspoort meegeven.'

'Ik heb een eigen theaterbedrijf en ik ben Nederlandse.'

'Nou, dan een kopie van je Nederlands paspoort, en een balans van je inkomsten en een bewijs van de Kamer van Koophandel en je bedrijfsverleden.'

'Vindt u het niet een superieure gedachte, dat iedere Turk die hierheen komt ervan verdacht wordt illegaal te blijven? Ik begrijp best dat er ook misbruik wordt gemaakt, maar als ik morgen zal sterven, dan kan mijn zus dus nooit komen. Ik ken meneer Giesen, de consul van Nederland in Istanboel, en ik heb het met hem al een keer over visaproblemen gehad.'

'Nou, mevrouwtje, als je Giesen zo goed kent, dan vraag je hem toch om een visum.'

'Mijn zus woont in Ankara, dus het lijkt mij niet meer dan logisch dat ze dat daar aanvraagt.'

Uiteindelijk heeft mijn boekhouder een balans gestuurd van mijn inkomsten over het jaar 2002 en alle andere benodigde papieren naar hem toe gefaxt. Mijn zus kreeg te horen dat het niet in orde was, want ik had geen brief van mijn baas en mijn inkomsten over 2002 waren niet correct, want ze moesten een maandelijks salarisstrookje zien. Het leek wel alsof ze de term 'eigen baas' voor een Turk niet konden bevatten.

Hou de Turken zo veel mogelijk buiten, we hebben al spijt als haren op ons hoofd over wat we binnen hebben gehaald – maar weet met je macht om te gaan en maak Nederland, het land dat je vertegenwoordigt, niet bespottelijk.

'Jaaa, wat nu?'

'Zeg jij het maar.'

'Ik weet eigenlijk niet wat ik moet zeggen.'

'Misschien moet je er niet zo lang over nadenken.'

'Soms heb ik er moeite mee.'

'Misschien moet je soms gewoon even aan jezelf denken.'

'Dat doe ik ook, maar het is toch even slikken, al die mensen.'

'Ja, maar we weten allebei dat de wereld vol is en er heus wel wat af kan.'

'Dat probeer ik mezelf ook in te praten, dat we de wereld eigenlijk een handje helpen.'

'Ja, dat doen we zeker, we helpen de begroeiing door af en toe te kappen.'

'Beetje onkruid opruimen kan geen kwaad.'

'Zo is het.'

'Maar waarom Turkije?'

'Om vele redenen: het is ver van ons, er is geen goede bewaking. Als ik Osama bin Laden echt zou zijn geweest, zou ik dat ook gekozen hebben. Het blijft een land waar hij toch moeite mee heeft, enerzijds islamitisch, anderzijds liberaal. Het land is niet alleen een brug tussen Europa en Azië, maar het is ook een land dat twijfelt tussen vrijheid en discipline, fundamentalisme en democratie, sterk maar tegelijkertijd zwak; een goed slachtoffer dus.'

'Wat is ons volgende slachtoffer?'

'Spanje misschien, Polen zou ook kunnen.'

'Waarom Spanje?'

'Voor alle landen die troepen hebben gestuurd naar Irak,

is Osama een beetje allergisch geworden, dus we moeten zijn geest gaan volgen, wat hij zou gedaan hebben, want alleen dan lijkt het alsof het van hem afkomt.'

'Weet je zeker dat het niet lekt?'

'Ja, dat weet ik heel zeker. Geloof mij maar, er zijn er meer die willen bewijzen dat we gelijk hebben. En soms moet je je gelijk bewijzen door zelf iets te doen. Maar goed, alles heeft zijn prijs.'

'We hebben wel een paar leuke foto's in de krant samen.'

'Ja, als echte maatjes.'

'Het was wel een goed idee van je dat precies wanneer wij in vergadering gingen en het in Turkije elf uur was, dat de bom dan ontplofte en tien minuten erna de volgende, net als op 11 september.'

'Ik zeg het je toch, dat zou Osama ook gedaan hebben. Ik ben helemaal in de huid van Osama gekropen. Ik overtref hem zelfs, niemand zal weten dat het van ons kwam.'

'Het lijkt heel slecht wat we doen, maar het is allemaal omwille van een goede wereld, toch?'

'Natuurlijk, alles voor een betere wereld; uitroeien, gelijk hebben of gelijk halen, macht bezitten. Dat is een goed begin voor een goede wereld.'

'Gelijk heb je.'

'Heb jij het je vrouw al verteld?'

'Nee, natuurlijk niet en jij?'

'Bijna, maar toen ik haar zag huilen bij de beelden van de aanslag, durfde ik het niet te zeggen.'

'Je moet het ook niet zeggen. Vrouwen zijn gevoeliger en daardoor idealistischer. Ze begrijpen niet dat je eerst kwaad moet doen om goed te halen, daarom komen zij van de wereld der rozen en wij van die van de doornen, begrijp je?'

'Ik ben zo gelukkig met een maatje als jij.'

'Jammer dat ik weer terug moet, maar weet dat een vriend van over de oceaan beter is dan een vriend van over de woestijn!'

'Eigenlijk moet ik voor een doosje Limovan een doktersrecept hebben, het is een te sterk slaapmiddel. Maar vooruit, ik heb het al jaren zonder gedaan, dus de regels van de Europese Unie hoeven dat nog niet zomaar te veranderen.' Zei de apotheker in Barcelona vorige week. Het was net als in Turkije, de mentaliteit van mensen in de mediterrane landen is toch wat gemakkelijker. Niet dat dat goed hoeft te zijn, maar handig is het wel.

Na een paar ontspannen dagen in Barcelona, had de terugkomst naar Nederland ook wel iets moois in zich. Ik zei tegen mijn levensvriend in het vliegtuig: 'Kijk hoe mooi geordend Nederland is.'

'Een beetje te geordend,' zei hij.

'Wat is er mis met geordendheid?' vroeg ik op defensieve toon.

'Nou, soms kan dat een beetje saai worden.'

'Saai?'

'Ja, saai.'

'Waarom saai?'

'Het wordt op den duur voorspelbaar.'

'Helemaal niet.'

'Ik vind van wel.'

'Ik niet.'

En terwijl ik het zei, vond ik stiekem dat hij wel gelijk had. Maar ik vond het niet leuk als hij iets onprettigs over Nederland zei.

Toen ik pas in Nederland was, kon ik iets negatiefs over Turkije niet verdragen en hoe meer ik van Nederland begon te houden hoe objectiever ik werd over beide landen. Nu merk ik dat ík wel van alles mag zeggen over Nederland, maar het niet echt kan hebben als een buitenlander dat doet. Dit is misschien wel chauvinisme, het oerinstinct dat ik eigenlijk minacht.

Toen we landden zei hij: 'Ik heb zin in patat.'

'Zoals je dat zegt, klinkt het alsof je al helemaal geïntegreerd bent. Nou moet je nog het patatje oorlog ontdekken.'

'Colaatje ken ik, patatje begrijp ik, maar wat heeft oorlog hiermee te maken?'

'Dat is patat met mayonaise, pindasaus en uitjes.'

'Dus dat symboliseert de oorlog tussen wit en zwart en dat wat er los bij hangt.'

'Ik denk dat het niets symboliseert, ik denk dat de gemiddelde eter van een patatje oorlog er niets bij denkt maar het gewoon eet, net als een koe gras graast zonder dat zij over de kleur nadenkt.'

'Maar wie noemt dat dan zo?'

'Misschien de snackbarhouders?'

Toen we op Schiphol aankwamen, vonden we een Vlaams friteskraampje. Het verkocht frietjes in een zakje.

'Mag ik in plaats van een zakje de patat in een bakje, dat eet wat gemakkelijker,' vroeg ik.

'Nee, dat kan niet.'

'Ook niet als ik er extra voor betaal?'

'Nee.'

'Waarom niet?'

'Omdat we vergunning hebben gekregen om patat in een zakje te verkopen, dus in een bakje mag niet.'

Mijn man vroeg mij dit te vertalen. Toen ik het deed, bloosde ik. Hij lachte.

Ik gaf het maar toe. 'Jaja, je hebt gelijk; te veel geordendheid is niet alleen saai maar ook oervervelend, irritant, vermoeiend en onuitstaanbaar erg,' schreeuwde ik uit.

Hoe één is de eenheid van Europa eigenlijk?

Het blijft een illusie, terwijl je in Spanje een sterk slaapmiddel zonder recept krijgt, geeft een ander land niet eens patat in een bakje.

En toch houd ik van Nederland!

'Hoe kan dit nou?'

'Geen idee.'

'Ze lijkt niet op mij en ook niet op jou. Van zulke mooie ouders had ik wel een mooiere dochter verwacht.'

'Nou, liever, misschien wordt het dan eens tijd dat ik iets opbiecht.'

'Nee hè, alsjeblieft geen schokkende openbaringen. Ik heb daar mijn buik zo vol van, je gaat me toch niet vertellen dat het van een ander is?'

'Nee, zeker niet, ik ben zo trouw als een lammetje.'

'Oh, gelukkig, dan kan het niet zo erg zijn.'

'Nou, ik hoop het. Het zit namelijk zo: voordat ik jou ontmoette, had ik een metamorfose ondergaan. Ik kreeg een nieuwe neus, kleinere oren, een paar jukbeenderen, een rondere kin en mijn oogleden werden opgetrokken. En jij vond mij zo mooi, dat ik het zo maar heb gelaten en het jou niet heb durven te vertellen.'

'Wat een bedrog, jij bent dus eigenlijk een lelijk mormel.'

'Mag het een beetje aardiger?'

'Nu begrijp ik waarom je op niemand van je familie lijkt.'

'Wil je een foto van mij van vroeger zien?'

'Nee, asjeblieft niet. Die heb je dan ook goed verborgen gehouden voor mij.'

'Die zat in de koffer met foto's, aan fotoalbums deden wij nooit thuis, dat weet je. Mijn moeder stopte alle foto's in een koffer en jij hebt er nooit in willen kijken. Als je het had gedaan en had gevraagd, had ik het waarschijnlijk wel gezegd.'

'Nou, da's dan ook mooi. Zit ik daar met een lelijke dochter van een lelijke moeder die toch wel mooi is.'

'Het gaat toch om het innerlijk, jij hebt me toch lief zoals ik ben?'

'Dat is ook wel weer zo, maar het is toch even schrikken. En eerlijk gezegd had ik jou nooit aangekeken als je lelijk was, en dan had ik dus nooit je innerlijk ontdekt.'

'Goed, we moeten maar blij zijn dat het geen drieling is geworden.'

'Nee, drie lelijke dochters werden me toch wel te veel.'

'Heb je gisteren het *Journaal* nog gezien?'

'Nee, wat?'

'Er was nog een vrouw die een baby kreeg in het ziekenhuis waar Máxima een kind kreeg en een journalist vroeg aan die vrouw: "Is het voor u ook een beetje een bijzondere dag?" Alsof haar eigen kind niet belangrijk genoeg is. Het is toch van de zotte dat de geboorte van haar kind volledig wordt genegeerd? Wat verwacht die journalist nou, dat die vrouw zou zeggen: "Ja, ontzettend. Ik ben zo intens blij met Amalia dat ik er niet eens erg in heb gehad dat ik zelf ook een kind heb gebaard." Ja, leuk, een prinses. Ik ben heel erg blij dat we in de toekomst weer een koningin krijgen, maar de journalisten vergeten even dat de geboorte van een kind voor iedere ouder hoogst bijzonder is. Ieder kind is je eigen prins of prinses.'

'Tenzij het zo lelijk is als het onze.'

'Dat is weer niet aardig.'

'Zeg nou eerlijk, ik begrijp dat een egel zijn kind in de watten legt en ook liefheeft, maar je kunt toch ook zien dat dit een lelijke baby is, los van het feit dat ik van haar houd.'

'Ja, ze is niet moeders mooiste, maar dat is niet het belangrijkste, al zeg ik het zelf!'

Haat, haatte, gehaat

'Ik haat Amerikanen, ik haat ze, ik haat ze.'

'Waarom haat je Amerikanen?'

'Om vele redenen, maar vooral omdat ze mijn oma hebben vermoord.'

'Jouw oma?'

'Ja, mijn oma.'

'Hoe lang is je oma al dood?'

'Ik heb haar niet gekend, ze was al dood voordat ik in leven was.'

'Hoe weet je dan de moordenaar zo goed te beschrijven?'

'Mijn moeder heeft het me verteld.'

'Dus eigenlijk is het de haat van je moeder die je meedraagt.'

'Ja, maar het is ook mijn eigen gevoel.'

'Hoe bedoel je?'

'Toen mijn oma, met duizenden andere gevluchte joden aankwam in Amerika, na maanden gevaren te hebben, stuurden de Amerikanen die boot rigoureus terug, in de handen van Hitler, mochten ze de terugreis overleven.'

'Dus je haat alleen de Amerikanen die toen die beslissing hebben genomen.'

'Nee, ik haat het hele land en het volk; uit protest ben ik nog nooit in Amerika geweest.'

'Is het wel eens bij je opgekomen dat de Amerikanen van nu niet dezelfde zijn als die van toen?'

'Nou, dat weet ik zo net nog niet; ze dragen toch de genen van de Amerikanen van toen in zich?'

'Dus een dochter van een hoer zal altijd als een hoer worden beschouwd.'

'Nee, dat is weer wat anders.'

'Hoe anders is het? Volgens mij zijn het jouw gedachten en gevoelens die zo beladen zijn, maar de vergelijking is dezelfde.'

'Nee, want een hoer doet niemand kwaad.'

'Goed, stel: ik vervang het woord "hoer" door "moordenaar".'

'Daar moet ik dan even over nadenken... dus de zoon van Saddam mag niet als een moordenaar worden beschouwd.'

'Nou, in dat geval zit je ernaast, want zijn zonen waren ook moordenaars, maar dat ligt wéér heel anders.'

'Ik was van de week tulpenbollen aan het planten in de tuin en toen zei mijn vriend: "Heb je het al gehoord van Saddam?" Ik zei: "Nee, ik ben meer geïnteresseerd in bollen dan in een eikel." Hij vond het niet zo leuk, maar het is gewoon zo. Moet ik nu ineens van Amerika houden en denken: goh, wat een helden die Amerikanen?'

'Doe je niet hetzelfde als al die dictators, die een volk of ras uitroeien omdat ze de hele massa haten? Als je, zonder te selecteren, de Amerikanen zegt te haten, heb je het over een heel volk!'

'Ja, misschien wel. Misschien zit er wel in ieder een dictator.'

'Maar het is de vraag hoe de dictator zich uit.'

'Wanneer ben je een dictator?'

'Als je denkt dat wat jij denkt de enige goede vorm van denken is. Dat jij wél weet wat slecht en goed is voor jezelf en voor de ander, en als die gedachte gepaard gaat met macht, dan wordt je gedachte pas echt gevaarlijk, voor je omgeving en op den duur voor jezelf. Als je je macht over anderen verliest of het geloof van anderen in jou, dan is dat het moment van het boeten voor je daden. Terwijl je het allemaal deed omwille van het goede, althans, je dacht dat dat het goede was.'

'Ik zal proberen de Amerikanen niet te haten, maar het

is wel moeilijk, want zodra ik iets over macht en Amerika hoor of lees, moet ik aan mijn oma denken.'

'Denk dan ook aan de liefde in je oma; ze zou nooit de reden tot haat willen zijn voor haar kleindochter. Misschien helpt dat?'

'Misschien.'

Heb je de liefde lief?

'Ik weet niet of ons verblijf in Pathmos nou zo'n succes is, zelfs als we het allernieuwste testament zullen schrijven, ben ik niet zeker of men er nog naar zal luisteren. Zien jullie het niet in, men gebruikt het geloof allang niet meer uit overtuiging, maar meer omdat het hun goed uitkomt.

Men is zijn geloof in zoveel verloren.

Om te beginnen in zichzelf, in elkaar, in de natuur.

Hoe kan een wereld er goed uitzien als men in zijn eigen kleine kring al geen harmonie weet te behouden?

Ze hebben belangen gecreëerd om zichzelf te bevredigen, belangen die hun ego strelen, belangen die hun portemonnee strelen, belangen die hun materie, succes aanvullen en niet te vergeten belangen die hun verlangen en eenzaamheid vervullen.

En van deze straten van belangen hebben ze hun hart vormgegeven. Als zelfs liefde, respect, begrip, geven en nemen een vorm van belang is geworden, welk boek kan dat nog ooit veranderen, heren, ik vraag het jullie, welk boek kan dat nog veranderen?'

'Ik ben er stil van, ik weet niet wat ik moet zeggen. Misschien heb je gelijk, maar niets eraan doen is dat een uitweg?'

'Nee, ook niet'

'Wat dan wel?'

'Praten, heel veel praten, zoveel mogelijk delen, om van elkaar te leren, al zijn het fouten al zijn het onvergetelijke onvergeeflijke daden, praten. Mensen zijn voor mensen, hoe hebben ze dat ooit kunnen vergeten?'

'Al hebben ze niets van elkaar nodig, dan nog zijn ze er

voor elkaar op deze aardbol.'

'Waarom eigenlijk?'

'Om de geest en de ziel te ontwikkelen zo ver en groots mogelijk om uiteindelijk de verlichting te voelen, zodat het leven een groot licht zal zijn.'

'Ze hebben toch al een zon?'

'Nee, dit licht heeft niets met de zon te maken, dit is het licht van de liefde.'

'Weet je, soms als ik jou hoor praten, met alle respect hoor, dan word ik zo moe van al dat geliefde, vooral omdat ik dat zo weinig zie in Gods creatie, ik zie veel meer haat dan liefde.'

'Zelfs haat komt voort uit liefde, wist je dat?'

'Niet echt nee.'

'Alleen als je liefhebt kun je haten, tot moorden aan toe.

Dat mensen zich opblazen en daarmee anderen vermoorden is liefde voor het geloof.

Je leraar vermoorden, is uit liefde voor jezelf en daardoor de vernedering van schorsing niet aan kunnen.

Moord is überhaupt vaak de reden tot liefde voor je eigenbelang.

Dat je porno-sites op je werk bekijkt, is liefde voor vrouwen en je lusten.

Niet willen delen, is liefde voor je eigen winst.

Een land bombarderen, is liefde voor macht.

Je vrouw onderdrukken in de naam van geloof, is liefde voor heerserschap.

Verslaafd raken, is liefde voor illusie.

Afgunst, is liefde voor je eigen succes.

Goed, ik beken, het is allemaal een foute vorm van liefdesuiting maar het is nou eenmaal zo.

En liefde voor haat heeft niemand want die twee bewegen alleen elkaar.'

'Weet je waar ik zin in heb?'

'Nee.'

'In een nieuwe komeet, de vernietiging van de wereld, puur uit liefde voor de verlossing.'

'Dus jij zou willen dat al die honderden duizenden miljoenen jaren ontwikkeling van de geest, de creatie van de natuur verloren gaat. De mens heeft niet voor niets het vermogen te communiceren. Begrijp je me?!!!!!'

Ze komen terug

'Wil je een kopje koffie?'

'Ja, lekker, goed hè, van die Arabieren, ze hebben de koffie uitgevonden.'

'Ja, hebben we toch nog iets van ze.'

'Waarom hebben jouw kopjes geen oortjes?'

'Door het omhelzen van de kop met je vingers, voel je de hitte van de kop, en wanneer je vingers de hitte aankunnen, betekent het dat het al drinkbaar is, de temperatuur wordt geaccepteerd door je lichaam. En het trieste is dat alleen Japanners dit mee hebben gekregen.'

'Ik sta soms versteld van waar jij allemaal aan denkt.'

'Ja, ik denk veel en verzin veel maar niet iedereen luistert naar mij, in plaats van luisteren praten ze alleen maar.'

'Doen ze dat ook bij jou zo veel?'

'Man, je moest ze de kost geven.'

'Bij mij gaat dat ook zo, ze praten me de oren van mijn hoofd, en hun wensen zijn ongekend.'

'Wensen zonder daden, denken ze soms dat we wonderen kunnen verrichten of zo?'

'Nou, toen jij op het water liep, heb je aardig die illusie gewekt, ja.'

'Dat was omdat ik ze wilde laten zien wat verlichting is, en dat dat in jezelf zit.'

'Dat kan wel zo zijn, maar jij hebt het toch maar even gedaan.'

'Ik gaf ze hoop.'

'Ja, maar het raakt een keer op, net als geduld.'

'Ik blijf maar hopen dat ze op speciale dagen opnieuw hoop en geduld kweken, even stilstaan en met kerst aan al het goede denken.'

'Ja, je hebt gelijk, en ik moet zeggen, ik bewonder je talent; zoals jij kerst tot een belangrijke feestdag hebt weten te toveren.'

'Dank je wel voor het compliment, maar ik deed daar niet veel aan. Ik kwam ter wereld, dankzij mijn lieve, geduldige, maagdelijke moeder en mijn machtige vader.'

'Ja, jouw vader heeft mij ook lief, maar het is mij nog niet gelukt om ramadan en suikerfeest tot zo'n succes in de wereld te maken.'

'Nou ja, we hadden natuurlijk de commercie ook mee, mensen vinden het toch leuk, zo'n boom en lichtjes, cadeaus, diner, en met al die mooie ingrediënten komen ze toch graag bij elkaar, onder het mom van mij.'

(De deur gaat open.)

'Hé, zitten jullie hier, ik vroeg net aan de vergaderengel of er vandaag een vergadering was, maar ze zei nee.'

'De gezelligheidsengel wist ervan.'

'Terwijl jullie hier zitten, is het helemaal niet zo plezierig in de wereld. Mensen blazen zich op om hierheen te komen, waarom doe jij er niet wat aan?'

'Wat kan ik eraan doen, ik ben maar een profeet die zij liefhebben, maar God gaf ze verstand om zelf na te denken, weet je nog?'

'En wanneer ga jij terug? Je hebt het ze beloofd om ooit terug te keren, maar het ziet ernaar uit dat je nooit gaat.'

'Ik vind het hier gezellig met jullie, maar weet je: misschien is het tijd om met zijn allen terug te gaan. Ze zijn een beetje verloren geraakt met de regels die wij ze gaven om zichzelf en elkaar te begrijpen en lief te hebben.'

'In plaats daarvan hebben ze een labyrint gekweekt met al die regels, ze komen er niet meer uit.'

'Je hebt gelijk: laten we teruggaan en dit jaar aan iedereen een echte prettige kerst schenken met vredesliefde voor elkaar. Want als wij een eenheid zullen vormen, dan begrijpen zij het ook!'

Ze zijn terug

'Wat vind jij er nou van?'

'Ik moet bekennen dat toen ik de wereld vanboven bekeek, ik wel zag dat het slecht ging, maar ik wist niet dat ze er zo'n potje van gemaakt hadden.'

'Ik zeg al jaren dat je weer terug moest gaan.'

'Ja, maar wat nu? Ik ben terug. Gisteren zag ik een oude dame op straat en ik vertelde haar dat ik weer terug was. Ze keek me angstig aan, gaf mij een muntstuk en liep gauw verder.'

'Wat voor een muntstuk was dat?'

'Even kijken wat erop staat... twintig eurocent.'

'Wat is een euro?'

'Heeft niemand je dat verteld? Dat is een nepgeldeenheid van een aantal landen bij elkaar; een soort club, ons helpt ons, samen zijn we sterker, een motto dat uiteindelijk uitmondt in: "elk land zijn eigen belang". Eerst maakten ze grenzen om de verscheidenheid aan te geven en nu halen ze de grenzen weer weg om het samenzijn aan te geven, zodat ze over tien jaar weer oorlog kunnen voeren over apartheid. En dat houdt ze dan bezig.'

'Deze euromunt is niet eens van goud.'

'Daar begon het allemaal mee. Kennen jullie nog het goud dat we gebruikten in kerken, moskees en synagogen, om de waarde en de onvergankelijkheid aan te geven?'

'Jaaa, dat kennen we.'

'Nou, dat is later alleen maar gebruikt als machtsmiddel. En het ging steeds verder. Ze hebben eerst goud en daarna geld en geloof als macht gebruikt om elkaar en zichzelf uiteindelijk langzaam te vernietigen.'

'Wacht eens even, zover is het nog niet. Wij zijn er ook

nog. En natuurlijk de architect van het universum.'

'Ja, en als architect weet hij maar al te goed alles weer te helen.'

'Niet alles: de natuur vergaat en de mens ook.'

'Ik denk er anders over, want de ziel is het onzichtbare goud, die is onvergankelijk. En de natuur zal ook ondergaan, maar net als de zon weer opkomen.'

'Hoe gaan we dit nu aanpakken? Want ten eerste: niemand gelooft ons als we zeggen dat wij de drie profeten van drie belangrijke geloven zijn en dat we weer teruggekeerd zijn. En ten tweede: waar beginnen we met wat?'

'In welk land zijn we eigenlijk beland?'

'Even vragen aan een passant: waar zijn we?'

'*Do you speak English?*'

'Begrijpen jullie wat hij zegt?'

'Ooh, dat is waar ook, jouw vader gaf ze destijds, toen ze zo van God los waren, verschillende talen. Ik heb de talen met jouw vader ontworpen, ik praat wel met hem.'

'*Hafnefta be in tu one, tin too.*'

'Hij begrijpt het niet, ze hebben de talen wellicht zo ontwikkeld dat ze het werkelijke ontwerp veranderd hebben.'

'Ja, net zoals ze alles veranderd hebben.'

'Kijk, daar loopt een vrouw met een hoofddoek, net als Maria, misschien begrijpt zij ons.'

'*El habib mum hapte el hadis.*'

'Wat zegt ze?'

'Dit is Arabisch. Ik begrijp haar, ik heb deze taal helpen ontwerpen en het is nog niet verder ontwikkeld.'

'Mevrouw, kunt u ons vertellen waar we zijn?'

'Op de markt, waar je euro een gulden waard is.'

'Ja, dat is goed, maar waar staan we?'

'Ja, dat weet niemand, daar zouden we eens bij stil moeten staan. Vandaag is het de laatste dag van het jaar, en ik denk dat we eens moeten stilstaan bij het afgelopen jaar; hoeveel goeds en kwaads we hebben gedaan en dat op een weegschaal plaatsen. Heren, ik wens jullie een gelukkig nieuwjaar met elkaar.'

En ze liep heen.

'Heren, zo verloren zijn ze helemaal niet!'

'We zijn nu dus in Europa?'

'Ja, zo noemen ze het.'

'Dat kleine stadje waar het laatste hoofdstuk van de bijbel is geschreven, hoe noemen ze dat?'

'Pathmos, dat is een eiland dat bij Griekenland hoort, daar hebben de Grieken om moeten vechten.'

'Waarom vechten ze om een land, of in dit geval een eiland?'

'Dat maakt ze rijker en machtiger.'

'Gebruiken ze de hersencellen van creatie en overwinning om meer macht te creëren?'

'Ja, daar komt het op neer.'

'Laten we naar Pathmos gaan, misschien is het gemakkelijker om daar te beginnen.'

'Ik moet het even aan mijn vader vragen, ik kom zo terug.'

(Soms denk ik wel eens dat het niet goed is om op die leeftijd nog steeds alles aan je vader te vragen. Maar goed, wie ben ik? Uiteindelijk ook maar een dienaar van zijn vader.)

'Hij vindt het goed...'

'Dit is dus Pathmos. Waar is het monasterium, waar we uren hebben gezeten om de bijbel te schrijven?'

'Dat is op de top van het eiland. Laten we erheen gaan, misschien kunnen we opnieuw schrijven.'

'Maar dan dit keer: één boek voor ieder, zoiets van dat wij drieën één worden. Ik heb het toen ook niet begrepen waarom je vader dat niet meteen deed.'

'Hij dacht: ik heb zoveel verschillende soorten mensen gecreëerd, dus zullen ze wel andere interesses hebben. Maar hij had nooit kunnen vermoeden dat het zo uit de hand zou lopen. Het was voor hem natuurlijk ondenkbaar dat men zou gaan strijden om zijn geloof. Hij dacht: dan komen ze bij elkaar om met elkaar de verschillende boeken te bespreken. Maar iedereen die hetzelfde boek had, kwam bij elkaar. En als je een ander boek koos, dan week je af. Dus keken ze elkaar raar aan, later tot vechtens en moordens toe.'

'Was het gisteren niet de dag van de drie koningen?'

'Ja, dat is zo, je moet toch beter opletten als de wijze engel informatie komt geven, je vraagt zoveel.'

'Misschien doe ik dat wel om te controleren of jij ook alles weet.'

'Kijk, dit vind ik leuk. Bedankt voor je interesse in mijn kennis.'

'Doen de mensen op aarde dat nou ook?'

'Ze tonen vaak interesse uit eigenbelang. Het komt nog wel eens voor, interesse uit liefde, maar steeds minder. Ze creëren zoveel werk om meer succes te hebben, dat ze voor de tijd voor liefde een horloge nodig hebben. En daarvoor hebben ze twaalf uur voor de ochtend en middag uitgedeeld, waarvan ze acht uur werken, en twaalf uur voor de avond en de nacht, waarvan ze acht uur slapen.'

'Maar dan hebben ze nog acht uur over?'

'Ja, maar sommigen slapen nog een paar uurtjes extra en sommigen werken een paar uur extra. En degenen die het beide niet doen, vullen die tijd door te sporten, zodat ze gezond en fit kunnen blijven en vooral veel kunnen eten, waardoor ze weer moeten sporten. Of ze hebben een gezin gevormd, zoals mijn vader het graag ziet, maar dan moeten ze dus haasten en rennen om binnen die overgebleven acht uur nog goed te kunnen functioneren als vader of moeder.'

'Ze hebben het zich wel moeilijk gemaakt.'

'Ja, en ze noemen dat ontwikkeling!'

Broodje slecht nieuws

'Broodje poep!, lusten we niet hè?' zei mijn leraar Nederlands op de lagere school.

Nee, dat lusten we zeker niet, ik vond het zo gruwelijk vies wat hij zei dat ik het thuis nooit zou durven te vertellen, bang omdat mijn moeder dan zou denken dat ik wel op een hele vieze school terechtgekomen was.

Later ontdekte ik pas dat de leraar dit niet verzonnen had, maar 'Ome Willem'. Toen mijn vader dat hoorde op de televisie zei hij: ziezo jij mag nooit meer kijken naar dit soort programma's, wat ook helemaal niet kon want mijn vader keek altijd voetbal.

Toen ik het Nederlands beter begon te beheersen, dacht ik dat broodje poep een gezegde was voor: 'slecht nieuws'. En dat heb ik ook heel lang gedacht.

Het werd een soort heilige gezegde voor mezelf, 'ooh ooh broodje poep,' mompelde ik dan bij mezelf wanneer ik iets slechts hoorde.

Maar als kind had ik wel meer gedachten zo voor mezelf. Zo dacht ik dat de Koningin en alle politici perfect waren, dat ze nooit naar het toilet gingen of vieze onderbroeken hadden, of dat ze nooit een vies woord uit hun mond zouden krijgen – broodje poep zou voor hen onmogelijk zijn geweest om uit te spreken, waarom was het dan toch een Nederlands gezegde?

Maar afgelopen weekeinde toen mijn vaste team in het theater over Rob Oudkerk sprak zei ik, ik vind dat zo'n broodje poep. Dat mijn team mij aankeek met een blik van: 'Wat zeg jij nou??' Toen bleek dat het helemaal niet slecht nieuws betekende, maar gewoon een flauwe grap was van Ome Willem.

Net zo flauw als die grap vind ik de hele affaire omtrent Oudkerk.

Dit zijn de momenten dat ik versteld sta van Nederland, een land dat zo diep in mijn hart zit, telkens als ik denk ik heb het land begrepen gebeurt er weer iets waar mijn verstand niet bij kan.

Wat nou? Dachten jullie soms, een volk dat toch niet in sprookjes gelooft, dat al die wethouders en ministers nooit iets doen wat menselijk is, al is dat slecht, zoals naar een pornosite kijken, ook niet op hun werk? Of dat ze nooit naar de hoeren gaan of een minnares erop na houden? Dat ze nooit liegen? Dat ze perfect zijn?

Ik geloofde dit als kind over de Koningin en iedereen die in hoog aanzien stond, maar nu merk ik dat er zelfs vele volwassenen in die illusie geloven, nee, als wethouder of politicus überhaupt doe je zulke dingen niet.

Ik denk dat zijn vrouw blijer is met een pornosite of een bezoekje aan een prostituee dan een minnares onder zijn bureau, vraag maar aan Hillary wat erger is.

En misschien hebben ze wel een open huwelijk en weten ze het van elkaar.

Ieder heeft zijn huwelijk op zijn manier ingevuld.

Zijn positie verliezen? Waarom? Het enige wat hij zou kunnen verliezen is zijn huwelijk. En dat gaat niemand wat aan.

Zijn huwelijk met de wet echter wel, en daarin heeft hij het volk niet bedrogen, hij heeft niet gestolen van het rijk, hij heeft geen informatie achtergehouden, wat voor het volk schadelijk zou zijn, vind ik, maar ja, wat ik vind is maar een mening uit duizenden meningen bij elkaar, en eigenlijk zijn al die meningen zo vermoeiend, en erger nog, ze kunnen iemand breken, wie is er dan fout?

Dankwoord

'Mensen komen in je leven, sommigen blijven en sommigen vertrekken weer uit je hart of je zwaait ze zelf uit omdat het vertrouwen in de vriendschap verdwenen is of nog erger omdat de zielen elkaar niet meer aanvoelen of aanvullen.

Ik kan innig van mensen houden, de aandacht en de liefde die ze dan krijgen is zo groot dat het zelfs groter wordt dan dat ik kan zijn of volhouden.

Wanneer de achteruitgang in aandacht blijkt dan komt de teleurstelling bij de ander omdat ik niet meer aan de verwachting kan voldoen.

Dat is vaak het moment van afscheid.

Is dit een chronische fout die ik maak, telkens een andere verwachting scheppen dan die ik kan waarmaken, of heeft het te maken met de ander, die zijn grenzen niet kent?

Vragen naar zoveel.

En hoe zit het met mijn verwachtingen?

De hunkering naar de eeuwige erkenning van herkenning.

Ik heb het niet meer, niet meer in de hoeveelheid die ik had.

Daarom heb ik het gevoel dat ik mezelf geworden ben, ik sta mezelf toe om iemand te zijn los van erkenning van de anderen, ik hang mijn waardigheid niet meer op aan anderen, "heb me lief, alsjeblieft!", dat is er niet meer.

Ik mag bestaan en er zijn, ook als jij me niet meer liefhebt.

En wat een bevrijding is dat gevoel!

Zoeken naar de liefde van anderen, helemaal die van

mijn ouders die er niet meer zijn, is voorbij.

Die liefde, heb ik gevonden in mijzelf.

Want ik heb geleerd dat alleen die liefde blijft, tot je laat-ste adem, in al zijn oprechtheid, en als je die kwijt bent, alleen dan pas ben je echt verloren.

Mijn dank is dan ook naar mijn zijn, dat gevormd is dankzij velen die ooit in mijn leven waren, zijn en zullen blijven.'

Wanneer ik dit vertaald voorlees aan mijn man is zijn eerste reactie: 'Lieve Nil dit klinkt zo verbitterd, eenzaam'.

Maar zo voelt het niet, want liefde vinden in jezelf is een goed begin om die liefde te delen met mensen die dat ook hebben gevonden, en dat is pas de ware liefde delen zonder belangen.